LE FINANCEMENT PARTICIPATIF: ENJEUX DE DÉVELOPPEMENT POUR L'AFRIQUE

Jean-Yves Régis Naka

LE FINANCEMENT PARTICIPATIF: ENJEUX DE DÉVELOPPEMENT POUR L'AFRIQUE

L'Harmattan
Côte d'Ivoire

Du même auteur :

Nigéria, Côte d'Ivoire, Sénégal, Sur Le Chemin De l'Emergence (2016), Antipode - Éditions du Puits de Roulle

• Prix pour la Promotion du continent africain, par l'US-AIED & l'Union Africaine (Washington DC, 2017)

5-7, rue de l'École-Polytechnique ; 75005 Paris

http://www.librairieharmattan.com

ISBN : 978-2-14-026766-6
EAN : 9782140267666

Sommaire

PRÉFACE 9
AVANT-PROPOS 11

Partie I
LE FINANCEMENT *EN DIRECT*... 13
Chapitre 1
LA SINGULARITE DU CROWDFUNDING............................ 15
Chapitre 2
LES IDEES REÇUES SUR LE FINANCEMENT
PARTICIPATIF 31
Idée reçue n° 1 –Le *crowdfunding* c'est une nouvelle tontine . 31
Idée reçue n° 2 – Le financement participatif est une nouvelle forme d'arnaque qui sévit sur la toile 38
Idée reçue n° 3 – Le *crowdfunding* s'adresse uniquement à des start-ups 44
Idée reçue n° 4 – Le financement participatif est une pratique illégale 47
Idée reçue n° 5 – Les plateformes de *crowdfunding* garantissent le retour sur investissement pour les projets publiés 54

Partie II
IMPACT SUR LA SOCIETE.. 61
Chapitre 1
UN APPUI A LA LIBERTE DES ECHANGES 63
Chapitre 2
UNE OPPORTUNITE POUR AMELIORER LES FINANCES
PUBLIQUES 77
Chapitre 3
UN POTENTIEL POUR FREINER L'IMMIGRATION
CLANDESTINE.. 99

Partie III
PISTES DE REFLEXION POUR L'ACCELERATION DU DEVELOPPEMENT DE LA FINANCE PARTICIPATIVE 111
Chapitre 1
LA PORTEE DU TEMPS 113
-Crise au sein des pays donateurs- 116
- L'affermissement d'une volonté d'intégration africaine .. 119
- Des acquis surprenants grâce au numérique - 122
Chapitre 2
UN PACTE DE CONFIANCE POUR TOUS 125
Recommandation n° 1 – Encourager les initiatives de cofinancements 125
Recommandation n° 2 – Accélérer la régulation des plateformes de financement participatif 127
Recommandation n° 3 – Créer des communautés financières plus grandes 130
Recommandation n° 4 – Développer des labels de qualité 133
Recommandation n° 5 – Faciliter le renforcement des capacités des porteurs de projets 134

CONCLUSION 137
BIBLIOGRAPHIE 141

PRÉFACE

J'ai l'honneur de rédiger la préface de cette œuvre sur un sujet qui m'est cher depuis plus de huit ans : le financement participatif en Afrique. L'auteur, fidèle de la première heure de la vision de l'Association du financement participatif en Afrique (ACfA) dont je suis l'une des fondatrices, et entrepreneur ayant une expérience pratique de création de plateforme, est parfaitement placé pour vulgariser ce mécanisme innovant de financement de projets.

Avec des progrès récents et notables dans le domaine de la réglementation, l'heure est à la sensibilisation responsable des épargnants africains. En effet, l'association ACfA entamera en 2022 un projet d'envergure : la mise en œuvre d'un cadre réglementaire harmonisé dans la Communauté d'Afrique de l'est. C'est le début de notre vision de créer un cadre harmonisé panafricain qui favorise l'investissement transfrontalier dans les petites et moyennes entreprises africaines (PME), et le fruit des années d'engagement auprès de dix-sept autorités réglementaires africaines.

Nous sommes persuadés que le financement participatif occupe une place importante au début de la chaîne de valeur des marchés de capitaux pour ces PME en formalisant les tours de table des *business angels* et d'autres investisseurs particuliers locaux et de la diaspora.

Il est essentiel de réduire les coûts de transaction des investissements de petite taille car c'est là que l'on trouve la plupart des PME à fort potentiel de croissance. Avec l'infrastructure des plateformes, le financement participatif parvient à rendre ces petits investissements viables là où les fonds d'investissements traditionnels ne peuvent pas.

Le financement participatif représentera une formidable opportunité pour tout l'écosystème du financement de petites et moyennes entreprises, à condition que le cadre réglementaire soit adapté aux réalités du marché africain.

Elizabeth Howard
Présidente Directrice Générale
African Crowdfunding Association

AVANT-PROPOS

L'internet, en plus d'avoir permis aux africains, dans toute leur diversité, de se rapprocher les uns des autres, a également permis de les sensibiliser sur les problématiques sociales. Ainsi naît la génération consciente 2.0. Son autodétermination va permettre l'éclosion de plusieurs concepts dont l'objectif final concourt à améliorer la qualité de vie des populations. Parmi ces solutions figurent le financement participatif (crowdfunding), sujet central de cet ouvrage.

Considéré comme une solution disruptive de la finance traditionnelle, le financement participatif remet en lumière une des formes de solidarité ancestrale en Afrique en la formalisant dans le but de maximiser les collectes de fonds. Ce mécanisme de financement s'appuie sur un système de mise en relation direct à travers lequel un grand nombre de contributeurs sont invités à soutenir une cause ou un projet, avec ou sans contrepartie, via une plateforme internet. Son caractère agile et innovant lui permet de pénétrer des zones non couvertes par la finance traditionnelle.

Néanmoins, il faut notifier que bien que gagnant du terrain, à ce jour, le financement participatif se heurte à l'absence de normes et règles juridiques selon les pays. Ce qui constitue un frein à son développement. Également, la grande diversité des plateformes de *crowdfunding* peut rendre plus difficile, à ce stade, la sélection d'une plateforme par rapport à une autre.

Cet ouvrage, dans un premier temps, va décrire le concept du financement participatif et son fonctionnement avant de montrer l'impact qu'il génère sur la société. En dernier lieu, des pistes de réflexions seront proposées afin de lever les obstacles à l'essor des plateformes locales.

Par ailleurs, il convient de souligner que l'ensemble des statistiques en lien avec les levées de fonds, utilisées tout au long de cette publication pour soutenir des idées, proviennent du Centre de Cambridge pour la Finance Alternative (2021).

Partie I

LE FINANCEMENT *EN DIRECT*

Chapitre 1

LA SINGULARITE DU CROWDFUNDING

À l'heure où l'Afrique multiplie les offensives sur les chantiers du développement dans un monde en perpétuelle évolution, la question du financement continue d'inquiéter les acteurs économiques.

Les professionnels de la finance traditionnelle, en particulier les banquiers, sont pointés du doigt comme étant les premiers responsables des difficultés éprouvées par les entreprises à financer leurs activités dont le but final est de concourir au bien-être des citoyens.

Dans l'histoire du continent, l'accélération des relations commerciales entre le nord et le sud, qui a lieu à partir du 17ème siècle, a entrainé un recours massif au crédit. Dès lors, de nouvelles habitudes se sont installées et des institutions financières ont vu le jour afin d'accompagner au mieux cette dynamique d'échanges.

À cette époque, les échanges s'organisaient à travers le système de troc ; un processus assez long qui requiert non seulement l'évaluation du produit/service identifié, avant d'en faire une offre d´échange.

Dans le cas d'un prêt, les conditions de remboursement permettaient d'honorer ses engagements de façon directe avec le prêteur, en lui offrant des heures de travail en compensation, par exemple.

Un siècle plus tard, le développement de la monnaie et du système bancaire ont rendu les échanges plus efficients et ont apporté des solutions innovantes de crédit, avec la banque jouant le rôle d'intermédiaire dans la relation entre prêteurs et emprunteurs.

La banque se sert des dépôts des épargnants pour les prêter à d'autres agents économiques moyennant une rémunération, une commission ou un intérêt. Ainsi, il s'impose à une entreprise en quête de ce financement indirect de se soumettre aux conditions de cette structure bancaire.

Seulement, les exigences d'une demande de prêt divisent les banques et les entrepreneurs pour des raisons bien connues de tous : les uns jugeant démesurées les garanties demandées et les autres estimant trop important le taux d'impayés de crédit pour instaurer une confiance sans couverture.

Intéressons-nous maintenant au cas de la PME. En réalité, il n'y a pas de définition universelle de la PME. Chaque région en fonction de ses spécificités et de son niveau de prospérité en a une perception différente. En Afrique de l'ouest, la BCEAO[I] considère comme PME : toute entreprise non financière immatriculée au registre de commerce, qui est productrice de biens et/ou services et qui

---

[I] Banque Centrale des États de l'Afrique de l'Ouest.

exerce sous un régime autonome avec un chiffre d'affaires annuel inférieur à un milliard de francs CFA[1].

Sur cette base, il est estimé que la grande famille des PME composée des microentreprises, des petites entreprises et des moyennes entreprises, constitue entre 80% et 95% de l'ensemble des entreprises des pays de l'Union Économique et Monétaire Ouest Africaine (UEMOA).

Ces catégories d'entreprises ont essentiellement recours aux banques pour le développement de leurs activités mais se heurtent au filtrage de celles-ci qui ne veulent retenir que les plus établies, les transparentes et les plus solides.

Toutefois, il faut dire que depuis quelques années, sous l'influence des innovations technologiques, de jeunes entrepreneurs se singularisent par leur détermination à transformer des idées en solutions pour le développement de leurs pays, sans avoir de grands moyens. Pour se donner des chances de réussite, ils s'organisent de façon plus agile en *start-ups*.

La grande différence entre une entreprise classique et une *start-up* se trouve dans le modèle d'affaires. Pendant que la première évolue suivant un modèle économique bien défini et qui a notamment déjà fait ses preuves, la seconde navigue à vue en misant sur sa capacité d'innovation pour croître encore plus vite.

De ce fait, un projet de création d'une *start-up* est par essence plus risqué et moins favorable à recevoir du financement bancaire pour son démarrage, quel qu'en soit le degré d'innovation et d'utilité des solutions développées.

Pourtant, la génération *start-up* a de bonnes raisons de croire en son futur sans l'appui des banques pour une raison bien simple : à chaque étape de développement d'un projet, il se trouve une forme de financement qui sera plus adaptée. Aujourd'hui, il ne fait l'ombre d'aucun doute de la disponibilité d'une panoplie de sources de financements plus appropriées aux micros et petites entreprises dont certaines n'ont même pas encore été exploitées. C'est le cas du financement participatif, connu également comme « crowdfunding » dans sa version anglicisée. C'est le financement par la foule !

Cette alternative vient ainsi compléter la gamme de financements dit désintermédiés, c'est-à-dire qui se caractérise par des opérations de placements publics ou privés par l'émission d'actions et d'obligations.

Le financement participatif offre une opportunité à tout internaute sensible à une cause ou un projet d'y contribuer en direct au moyen d'une plateforme en ligne. Les plateformes de *crowdfunding* facilitent ainsi l'investissement d'impact.

Selon le GIIN (Global Impact Investing Network), l'organisation internationale de référence pour ce secteur, les investissements d'impact sont des investissements réalisés dans l'intention de générer un impact social et environnemental positif et mesurable parallèlement à un rendement financier.

Pendant ce temps, le financement par la foule gagne du terrain en Afrique. En 2019, la *start-up* sud-africaine Sun Exchange, spécialisée dans le micro crédit-bail de panneaux solaires, a fait une levée de fonds de 4,2 millions de rand (environ 300 000 $). C'est une scène qui est devenue presque banale dans l'écosystème des *start-ups* du pays. Et pourtant, deux décennies plus tôt, nul ne pouvait s'imaginer qu'une bande d'artistes musiciens puisse révolutionner le monde de la finance.

L'idée de recourir à sa communauté pour le financement d'un projet n'est pas nouvelle. C'est un concept qui est vieux comme le monde. C'est d'ailleurs sur ce principe que s'appuie notre système de sécurité sociale traditionnel au sein de cercles familiaux et amicaux, par exemple. Sur le plan entrepreneurial, c'est la première source de financement des PME.

Cependant, tout au long de cet ouvrage, l'usage du terme « financement participatif » et de ses équivalents se réfère à celui utilisé dans le langage moderne, c'est-à-dire intégrant les évolutions technologiques. Ses origines remontent aux années 1997 à Londres. Marillion, un groupe de rock très populaire à cette époque, rencontrait des difficultés à financer une tournée aux États-Unis. Sur proposition d'un fanatique, le groupe s'est résolu à faire un appel à contribution à d'autres passionnés au moyen d'internet et l'opération a permis de récolter 60 000 dollars USD en l'espace de quelques semaines. Cette période a marqué le début d'une nouvelle ère s'agissant de mode de financement ou d'assistance.

Il aura fallu attendre une dizaine d'années avant que le *crowdfunding* ne connaisse une ampleur mondiale. Du monde culturel, l'application de ce concept s'est élargie à d'autres domaines tels que le social et l'entreprenariat à travers des infrastructures technologiques en ligne plus adéquates pour faciliter la collecte de fonds.

Tout s'accélère en 2008 alors que le monde est frappé par une crise sévère qui impacte négativement le système bancaire : psychose, désinvestissement des ménages, chômage de masse et limitation du crédit s'ensuivent. Ceci a contraint l'économie mondiale à observer un ralentissement. L'impact de cette crise financière se fait aussi ressentir fortement dans le monde universitaire qui dépend sensiblement de subventions pour la conduite de travaux de recherches scientifiques.

Face à un avenir qui s'assombrit, la Génération Y a décidé de s'organiser autrement. Le vocable « Génération Y » représente la tranche de jeunes dont l'âge varie entre 18 et 35 ans, et pour qui d'ailleurs la technologie est une seconde nature. Pour se donner des alternatives, ce groupe s'emploie à transformer ses idées en *start-ups* afin d'y créer de la valeur ajoutée pour la communauté.

Aux États-Unis, le magazine Forbes identifie régulièrement dans le top 100 des entreprises américaines les plus prometteuses, des *start-ups* ayant vu le jour à cette période et qui ont un impact significatif aujourd'hui dans le pays à travers leurs domaines respectifs. Cardcash, 24hrcares et bien d'autres *start-ups* sont des illustrations vivantes que l'innovation en temps de crise est un relais de croissance durable.

Dans la tourmente économique, le maître-mot pour les entreprises c'est la « survie ». Durant cette période, les travaux en R&D ont tendance à être repoussés ou tout simplement annulés, pour sécuriser les acquis. Mais, l'histoire nous a prouvé à bien des égards que ce type de périodes est très propice pour oser le changement et s'adapter à la nouvelle réalité. Plus récemment, la crise du COVID-19 qui a contraint les citoyens du monde à rester dans leurs domiciles, n'a pas réussi à confiner l'imagination des jeunes cerveaux.

Pour ces nombreuses *start-ups* nées dans l'ère post-crise 2008, la finance alternative représente une solution viable pour pallier le besoin en financement notamment à l'entame de leurs aventures entrepreneuriales.

Aujourd'hui, c'est une véritable industrie qui s'est constituée et touche désormais près de 235 pays et territoires dans le monde.

La contribution de la finance participative dans l'économie mondiale a connu une progression fulgurante au cours de ces 5 dernières années, après avoir atteint un pic historique de 419 milliards $ en 2017.

À l'exception de la Chine qui enregistre un déclin depuis 2018 en raison d'un durcissement réglementaire, le financement participatif continue de bien se développer ailleurs.

Pendant ce temps, l'Afrique s'est distinguée par une hausse en levées de fonds de près de 500% au cours de ces trois dernières années pour atteindre 1,2 milliards de dollars en 2020. En réalité, l'impact est encore plus important. Mais, la non-participation de plusieurs plateformes aux enquêtes statistiques du Centre de Cambridge pour la Finance Alternative (CCAF), les conséquences économiques de la pandémie du COVID-19, et les fortes variations de taux de change de l'année n'ont pas permis de refléter la valeur réelle de l'industrie africaine.

En outre, la dépréciation de monnaies africaines par rapport aux principales devises internationales et les contributions des africains sur les plateformes étrangères, en tenant compte des taux de change des années précédentes qui ne varient pas dans la même mesure, ne permettent pas d'apprécier justement l'évolution des levées de fonds effectuées en monnaies locales.

Le dollar américain est utilisé par le CCAF comme référence dans la mesure des activités de *crowdfunding*, pendant que le cours de certaines devises du continent était au plus bas. Par exemple, le rand sud-africain a atteint un nouveau record de baisse par rapport au dollar en avril 2020. De même le Kwanza de l'Angola et le Kwacha de la Zambie sont également tombés à un niveau record en mars 2020. Le shilling kenyan s'est déprécié d'environ 8 % par rapport au dollar sur l'ensemble de l'année.

À l'échelle mondiale, le volume d'activité du *crowdfunding* s'est élevé à 114 milliards $ en 2020 ; ce qui reste bien au-delà des attentes du marché. Il faut dire que personne n'entrevoyait un impact aussi important dans un délai aussi court, lorsqu'on se réfère aux premières études en la matière qui estimaient la taille du marché à 2,7 milliards USD en 2012 et qui la projetaient à 300 milliards USD d'ici 2025[2]. On ne peut qu'être admiratif de cet exploit d'intégration du financement participatif dans la vie des ménages et des petites entreprises.

Cette évolution est à attribuer premièrement au fruit du dynamisme des plateformes de financement participatif qui ne cessent de fleurir, de se réinventer pour satisfaire l'appétit grandissant des donateurs et investisseurs sociaux.

La force d'une plateforme réside à la fois dans l'étendue de son réseau de membres actifs et son impact dans la société. Les retombées sont mesurables de façons directes et indirectes selon le domaine d'activité, à travers certains indicateurs clés tels que le nombre d'emplois créés, la hausse de la productivité, la hausse de recettes fiscales, etc.

Dans le secteur des transports notamment sur le segment des voitures de transport avec chauffeur (VTC), il sera plus aisé d'apprécier la plus-value des plateformes technologiques. Elles permettent non seulement de limiter le temps d'inactivité des chauffeurs mais également d'offrir de nouvelles formes de travail dans cette économie à la demande (gig economy). Au Kenya, par exemple, le secteur a employé près de 13 000 chauffeurs en 2019 et a généré un produit de 45,3 million $ la même année.

Dans le *crowdfunding*, le scénario est un peu différent car les plateformes ne favorisent pas directement la rencontre entre biens/services et consommateurs mais plutôt celle d'idées et de financements.

L'accroissement du nombre de plateformes favorise une plus grande accessibilité des services de financement participatif au grand public mais ceci ne constitue pas la seule évidence pour démystifier l'expansion remarquable de ce concept. La diversité des offres et services également joue un rôle crucial dans le développement du dispositif, tant en termes de genre que de modèle d'affaires (business model) des plateformes. Les multiples spécialisations sont en phase avec les différentes sensibilités des adeptes de la finance technologique (fintech).

En Afrique, on distingue à peu près une dizaine de modèles opérationnels qui se scindent en 3 catégories à savoir : le prêt, le don et l'investissement en capital (equity).

Le prêt participatif consiste à permettre à un porteur de projet d'entreprise ou à un particulier de s'endetter auprès d'une communauté virtuelle selon des modalités définies par les plateformes telles que le taux d'intérêt, le délai de remboursement, etc.

Généralement, les taux d'intérêt varient entre 8 à 20 % selon les projets et les plateformes et s'obtiennent à la suite d'un processus d'évaluation de crédit conduit par les plateformes, qui prend en considération des facteurs aussi bien qualitatifs que quantitatifs. Chaque plateforme développe son propre modèle.

Par exemple, chez Fundkiss qui est la première plateforme de prêt participatif à l'Ile Maurice, la procédure se déroule à travers cinq étapes et peut prendre entre 7 à 30 jours avant la finalisation d'un contrat. L'évaluation du crédit s'appuie à hauteur de 55 % sur des facteurs quantitatifs, tandis que les facteurs qualitatifs comptent pour 45 %.

Tout d'abord, l'équipe commerciale se charge de s'assurer que le projet répond aux principaux critères d'éligibilité à savoir disposer d'un registre de commerce mauricien et d'un nombre minimum d'années d'existence (2 ans pour les PME et 3 pour les commerçants indépendants).

Ensuite, une autre équipe prend le relais. Il s'agit de l'équipe crédit. Elle procède à une analyse plus en profondeur de l'entreprise et du projet, qui couvre près de 50 paramètres tels que le risque financier, le risque commercial, le risque de gestion, etc. Il s'agit à cette étape de s'assurer que l'entreprise est pérenne et dispose d'une capacité de remboursement suffisante pour publier son projet sur la plateforme. En plus de la documentation soumise par l'emprunteur, des visites sur sites sont effectuées pour s'imprégner davantage de la vie de l'entreprise.

L'équipe de crédit élabore en suivant une ébauche de notation qui doit recevoir l'approbation du responsable du risque de crédit avant la transmission au comité de crédit.

Une fois que le projet est approuvé par une majorité des membres du comité de crédit, la plateforme procède à une offre financière au client et le projet sera mis en ligne par la suite en cas de l'acceptation des termes du contrat par le client.

Cette solution connait un fort succès en raison de la souplesse des conditions de souscription principalement l'absence de garantie de la part des emprunteurs.

Le prêt est de loin la forme la plus populaire du marché *crowdfunding* en Afrique avec une part de marché de 98,5 %. Pour un bon nombre de pays comme la Zambie, où le volume total de fonds levés par les plateformes avoisinait les 297 millions de dollars, il apparaît que financement participatif rime exclusivement avec prêt participatif.

Sur le continent, les levées de fonds sous la forme de dons ne représentent que 1,4% de part de marché. Un chiffre bien surprenant quand on connait la solidarité légendaire des africains, d'autant plus que de nombreux outils se sont développés pour faciliter les transactions.

Selon la Charities Aid Foundation, un organisme international qui classe les pays en fonction de leur niveau de générosité, la crise de la COVID-19 a renforcé plus que jamais la capacité de la société civile à agir au-delà de ses frontières pour apporter assistance à autrui. À ce titre, il a été observé qu'en 2020, plus de trois milliards de personnes ont aidé quelqu'un qu'elles ne connaissaient pas[3].

Cela fait aujourd'hui, plus d'une décennie que la fondation publie annuellement son indice mondial sur la générosité afin de localiser où les gens sont les plus susceptibles de s'engager dans des activités sociales au profit de leurs communautés et d'encourager la croissance des dons mondiaux. Son dernier rapport en fait d'ailleurs état. La même année, il a été constaté que dans 60% des cas, les pays où les gens sont les plus susceptibles d'aider un étranger sont situés en Afrique. De quoi s'interroger encore plus sur l'incohérence de la timide mobilisation des africains en ligne !

À vrai dire, plusieurs raisons pourraient expliquer ce phénomène. Mais vraisemblablement, la raison principale serait que la grande partie des activités de financement participatif en dons se déroule de manière informelle via d'autres applications et canaux de transmissions privés, en marge des plateformes formelles.

Parlant de don, il faudra retenir que le don représente la forme la plus simple du financement participatif dans son arrangement, mais qui peut toutefois s'accompagner de conditions. Lorsqu'il s'agit de campagne de dons sans contrepartie, les internautes sont invités à faire parler leurs cœurs en apportant une contribution financière face à des situations de détresse telles que des urgences sanitaires ou humanitaires.

Ensuite, il y a une seconde forme de don qui existe avec contrepartie « reward based crowdfunding » où il est permis aux organisateurs de campagnes de récompenser leurs donateurs en fonction du montant des contributions reçues. La contrepartie se fait essentiellement en nature soit par un produit (tasse de thé, vêtement, tableau, etc.) ou un accès à un service. Ces récompenses sont purement symboliques et visent à encourager un maximum de contributions de la part des donateurs, tout en témoignant un sentiment de reconnaissance à leurs égards.

Dans leurs modes opératoires, les deux formes de dons avec ou sans contrepartie ne prévoient pas de rémunérations des fonds récoltés. C'est pourquoi, on aura tendance à qualifier les internautes qui soutiennent des causes via des dons de « contributeurs/donateurs » pour éviter les amalgames avec ceux qui investissent dans des projets rémunérés, les « investisseurs ».

Le financement participatif en capital « equity crowdfunding » est une autre solution qui permet à des entreprises de mobiliser des fonds auprès d'investisseurs grâce à l'internet en leur offrant en contrepartie des parts de capital (des actions) dans une société existante ou en projet de création. Ce type de financement est souvent comparé au *venture capital*, le *private equity* qui finance les *start-ups* et les TPE à très fort potentiel de croissance. Mais, pendant que le *venture capital* suit des critères d'investissement plus sélectifs avec des attentes considérables en termes de rentabilité pour ses investisseurs, l'*equity crowdfunding* compte sur la participation d'un large public de particuliers mais aussi d'institutionnels qui partagent les valeurs de la finance responsable.

Tout comme le don, le niveau actuel des opérations de crowdfunding en capital ne parvient pas à refléter la réalité du terrain. L'*equity* est la forme de financement la moins populaire et la plus complexe à être déployée. Aujourd'hui, le constat est que le grand public africain ne s'est pas encore véritablement habitué à s'associer à un projet avec des inconnus en ligne. Ils sont en revanche habitués à autre chose. Généralement, les collectes de fonds visant des prises de participation dans des projets se déroulent dans un circuit hors plateformes sans pour étant être informelles notamment à travers des clubs d'investissement, des associations privées, etc. L'argent circule bel et bien.

Toutefois, à juger de l'abnégation de certaines plateformes à changer le cours de la situation dans un court laps de temps, il n'est pas insensé de penser que ce segment va connaitre une transformation considérable dans les prochaines années.

Face aux inégalités grandissantes, la croissance économique à elle seule ne suffit pas pour lutter efficacement contre la pauvreté. Un modèle nouveau de développement africain a été repensé afin d'intégrer davantage de déterminants sociaux pour construire des économies plus inclusives.

Cette nouvelle vision passe immanquablement par la promotion de l'investissement responsable à la fois pour accélérer la prise en charge des problématiques sociales et générer des emplois décents. C'est dans ce sens que le financement participatif en capital présente un potentiel de croissance exponentielle car parmi toutes les autres formes alternatives, c'est le plus enclin à créer de nouvelles entreprises.

Au Cameroun, la fintech Guanxi-Invest s'est distinguée dans cette industrie. Fondée en 2017, c'est la première plateforme d'*equity crowdfunding* en Afrique centrale et elle a pour ambition d'accompagner la naissance d'au moins 250 entreprises dans la sous-région et contribuer à la création de plus de 2 000 emplois directs et indirects à l'horizon 2025.

Sa recette magique est toute simple. Pour attirer plus d'engouements sur les projets acceptés sur la plateforme, les opérateurs de Guanxi-Invest mettent en avant leur expertise dans le suivi des investissements plutôt que de se limiter à faciliter des prises de participations, comme le font des clubs d'investissements et autres associations.

Beaucoup d'efforts sont consentis par les États pour réduire le chômage des jeunes mais ne sont pas toujours perceptibles par tous. Les initiatives à long terme le sont encore moins. Aujourd'hui, les plateformes ont le pouvoir de mesurer plus facilement des résultats concrets et parlants que citoyens et autorités publiques entreprennent pour le développement du continent, en temps réel.

Une fois que l'on a compris le concept du *crowdfunding*, son positionnement apparait plus clairement, à condition de ne pas se laisser piéger par quelques idées reçues.

Chapitre 2

LES IDEES REÇUES SUR LE FINANCEMENT PARTICIPATIF

Aujourd'hui, un certain nombre de mythes circule sur le financement participatif. Le plus souvent, il s'agit de fausses croyances. C'est pourquoi, au regard de ce défi, il apparait important de clarifier les ambiguïtés qui, *in fine*, imposent un ralentissement au développement de la finance alternative.

Idée reçue n° 1 –Le crowdfunding c'est une nouvelle tontine

Au fil des années, la tontine s'est ancrée dans les mœurs des communautés africaines comme un véritable outil d'épargne solidaire et continue d'être toujours d'actualité pour les jeunes générations. Sur le continent, ce sont des milliards de dollars qui sont mobilisés chaque année à travers ce canal. En Côte d'Ivoire, plus de 20% d'adultes déclarent épargner dans les associations informelles telles que les tontines en 2020[4]. L'année antérieure, rien qu'au Cameroun, le marché des tontines a mobilisé près de 400 millions de dollars.

Revisiter un phénomène de cette nature revient à se plonger dans un univers de traditions ancestrales dans lequel il est fascinant d'observer comment les valeurs d'entraide et de partage ne sont pas érodées avec le temps. Elles demeurent solides malgré la montée de l'individualisme en Afrique.

Sur le plan culturel, chaque membre réuni au sein d'une communauté, d'une association ou d'une famille a un devoir d'assistance envers un autre membre, selon ses possibilités, en cas d'évènement majeur tel que des soins médicaux, les contributions funéraires, etc.

Cette forme de levée de fonds a connu un tournant majeur dans les années 80, pendant que le continent vivait une crise économique de grande ampleur, due à la chute des cours des matières premières. Les pays doivent faire face à un endettement massif du jour au lendemain. On est à la fin d'une époque de ruissellement, qui laisse place à une période d'austérité. Pourtant, avant d'aller chercher à l'étranger, il faut s'assurer la mobilisation des ressources internes des pays. C'est d'ailleurs de cette circonstance que naît un appétit scientifique pour les tontines africaines afin d'explorer au maximum cette source de financement.

Le monde académique y a consacré depuis lors de nombreuses réflexions et publications pour tenter de partager au mieux les perspectives d'un meilleur encadrement de ce type financement pour les économies en développement. Plusieurs facteurs tels que l'âge, le sexe, le revenu et aussi curieux que cela puisse paraitre même la religion jouent énormément dans le succès des tontines.

En outre, des études ont montré que la quête perpétuelle de pureté religieuse chez un certain nombre de musulmans les guiderait vers des instruments d'épargne et de crédit conformes aux principes de l'islam, pour lesquelles la notion d'intérêt est exclue[5].

Dans la pratique, la forme de tontine la plus populaire n'intègre pas les aspects de rémunération de la mise, mais parvient tout de même à susciter l'adhésion du public en s'appuyant sur des considérations non financières telles que la socialisation, la responsabilisation, etc. C'est un ensemble d'atouts qui est d'essence à favoriser une plus grande stabilité familiale.

De nos jours, un lien avec le *crowdfunding* cherche à être établi afin de mieux appréhender ses perspectives de développement.

Mais, le *crowdfunding* ce n'est pas une nouvelle tontine.

Même si quelques similarités les rapprochent, ce sont deux concepts fondamentalement différents. Le faux-semblant entre la tontine et le financement participatif vient du fait que ce sont des modèles de financement à caractère participatif de différentes époques.

De plus, avec les commodités qu'offre l'expérience de la finance participative, l'on pourrait croire que ce serait l'évolution de la tontine. Pourtant, ce n'est pas le cas.

Pour faire fonctionner une tontine classique, chaque membre d'un groupe nouvellement constitué reçoit à tour de rôle l'ensemble des contributions des autres membres selon des périodicités de versements bien définies à l'avance et qui peuvent être hebdomadaire, mensuelle, trimestrielle, etc. Afin de réduire le risque de défaillance des contributeurs, les organisateurs veillent à coopter des adhérents d'une fiabilité absolue en se basant, très souvent, sur la proximité familiale, ethnique, géographique, etc. D'autres considérations pouvant favoriser le bon déroulement du cycle sont également pris en compte dans le filtrage.

Toutefois, la participation d'un individu à une tontine est conditionnée par un engagement à rester dans l'aventure durant toute la durée du cycle de versements. Par conséquent, il y va *de facto* que plus le nombre de participants est élevé, plus le délai de sortie devient contraignant pour les contributeurs. À cet effet, il n'est pas inhabituel de voir que dans le cadre de la formation de groupes de tontine, des intéressés se chamaillent pour recevoir la mise en dernière position. C'est une façon pour eux de se protéger contre le risque d'honorabilité.

Pour d'autres, c'est plutôt l'inverse. Plus le nombre de participants est important, plus la capacité d'emprunter sans taux d'intérêt est importante ; d'où l'enjeu de se positionner en pole position dans la course pour rafler la mise du départ.

Dans le cas du financement participatif, la logique est différente. Ce mécanisme vise avant tout à solliciter les citoyens à s'impliquer davantage dans la vie de leur société en tant que co-acteur des actions qui y sont menées plutôt que de favoriser l'esprit de partage au sein d'un groupe restreint, comme le fait la tontine.

L'idée derrière est plus de fédérer un maximum de personnes pour répondre à des enjeux sociétaux de notre époque, pas seulement concernant des problématiques liées à l'emploi mais aussi pour faire face à un certain nombre défis sur les plans sanitaire, sécuritaire, de mobilité, d'habitat, etc.

La plateforme de financement participative est un excellent outil qui aide véritablement à transformer des gestes individuels en action collective pour favoriser un plus grand impact au bénéfice de la cause et/ou du projet défendu. Aucune limitation n'est établie dans la sélection de participants telle que familiale, ethnique et/ou géographique, comme dans les tontines. Bien au contraire, la diversité des contributeurs participe à renforcer l'action communautaire.

En plus de la dimension technologique qui facilite la fluidité des échanges entre les participants, le *crowdfunding* permet de mieux contrôler sa générosité.

Il est de ce fait plus facile d'apporter un soutien ponctuel à un projet ou une cause identifiée sans contrainte sur le long terme. Cette flexibilité rend l'approche du don et de l'investissement plus attrayante auprès d'un public soucieux de la durée de son engagement et plus sensible à l'évolution des tendances philanthropiques.

Par exemple, la plateforme sud-africaine BackaBuddy, qui est spécialisée dans les dons, veille à ce que les organisations caritatives qui ont recours à leurs services ne se servent pas des fonds levés à des fins multiples, sans le consentement des donateurs. Voilà pourquoi, les opérateurs exigent que l'objectif de la campagne soit clairement spécifié. Sur ce site, il n'y a certes aucune limite dans la durée ni dans le nombre de campagnes qui peuvent être organisées simultanément par un organisme ou un particulier, mais en revanche, il faudrait que chacune des campagnes corresponde une action précise. C'est une manière d'assurer aux utilisateurs une grande variété de causes à soutenir, tout en leur laissant le libre arbitre à chaque fois.

En tontine, c'est différent. L'engagement vis-à-vis des autres membres est plus long et ne prend fin qu'à la fin de la vie de la tontine.

Toutefois, ces deux outils participatifs que sont la tontine et le *crowdfunding* évoluent en bonne complémentarité pour satisfaire un marché qui ne connait jamais la crise.

Bien vrai que le *crowdfunding* ne soit pas une nouvelle forme de tontine, il n'en demeure pas moins que la tontine aspire à un avenir prometteur. Au regard de la popularité dont jouit encore les tontines de nos jours, on se rend bien compte de la difficulté qu'éprouve un grand nombre d'africains à se constituer une épargne sans l'exercice de pressions externes ou de stimulus.

Dans un élan de créativité, les acteurs de la fintech du continent ont décidé de donner un nouveau visage au marché des tontines en développant des tontines digitales.

Le principe de la tontine digitale est simple. Il consiste à transposer en ligne l'expérience physique des « rendez-vous du dimanche » par exemple, et à améliorer la qualité de gestion de tontines à distance en facilitant la comptabilité, le partage d'informations et la collecte de fonds. En termes de comptabilité, par exemple, les risques de pertes d'informations sont réduits au maximum à travers la numérisation des paiements.

Si aujourd'hui, la tontine digitale est souvent confondue avec le *crowdfunding*, c'est aussi par abus de langage. Se réunir sur les réseaux sociaux pour organiser une tontine ne constitue pas en soi un modèle de la tontine digitale, malgré l'usage d'outils numériques dans l'interaction des participants.

Pour vivre pleinement l'expérience digitale, il faudrait recourir nécessairement aux services des plateformes spécialisées qui s'emploient à transformer toute la chaine de la tontine depuis l'inscription des participants à la clôture du cycle des contributions des membres.

Les plateformes de tontine 2.0 travaillent à offrir la gestion à distance sur plusieurs dispositifs digitaux. Par exemple, depuis leurs mobiles, les membres ont la possibilité de conduire leurs activités : tenir des réunions par visioconférence, discuter via à un service de messagerie instantanée, faire des tirages au sort automatique, voter et échanger les comptes rendus de réunions.

Outre les aspects de flexibilité, les plateformes facilitent la traçabilité des transactions. Ceci contribue à réduire les risques inhérents à l'activité de tontines tels que les détournement et défauts de paiement.

Idée reçue n° 2 – Le financement participatif est une nouvelle forme d'arnaque qui sévit sur la toile

Dans le monde très concurrentiel de la finance, l'innovation technologique est perçue comme un levier de croissance incontestable pour agrandir sa communauté et renforcer son capital sympathie auprès du grand public.

On innove beaucoup en Afrique, mais très peu de ces innovations sont commercialement viables. En définitif, l'impact de la créativité sur le continent est réduit.

La Fintech se démarque du lot et représente aujourd'hui une source d'espoir pour accélérer l'inclusion financière, en d'autres termes, pour faciliter dans un temps record la comptabilisation de l'épargne populaire jusqu'ici exclu du système bancaire traditionnel. Eurêka !

La finance technologie est le fer de lance des *start-ups* qui gagnent sur le continent. Elle enregistre non seulement un grand nombre d'utilisateurs mais aussi cristallise l'attention des investisseurs, les *venture capitalists*. A juste titre, sur l'ensemble des deux milliards de dollars levées en 2019 par les *start-ups*, les fintechs comptent à elles seules, 41%[6].

Toutefois, cette effervescence qui entoure l'ascension des gazelles de la Fintech ne doit pas détourner notre attention sur d'autres réalités qui surviennent en conséquence au bouleversement culturel que vit notre époque.

Dans le cas du *crowdfunding*, le constat est plus saisissant. Le concept n'a pas le même assentiment populaire que dans d'autres régions du monde. Pour des raisons différentes, il est de constater l'existence de barrières vis-à-vis de ce concept venu d'ailleurs. Bien souvent, la résistance au changement est liée à la peur.

La peur de rendre public un acte banal comme faire un don, la peur de communiquer ses données bancaires en ligne, la peur d'être victime d'une fraude, la peur de l'inconnu, la peur des plateformes en ligne, etc. Ce sont autant de réticences qui se multiplient au rythme effréné du développement technologique, et il y a vraiment de quoi avoir peur !

La finance est un terrain de jeu glissant où rodent des esprits malveillants depuis bien longtemps et l'internet n'a fait qu'élargir leur champ d'action.

Aux Etats-Unis, vers la fin des années 90, la mode pour les grandes fortunes et investisseurs institutionnels était de recourir à des fonds de couverture « Hedge Funds » pour des placements. Leur particularité se situe principalement au niveau des promesses de taux de rendements très élevés des investissements, quel que soit les performances des marchés boursiers.

Dans cet environnement, se distingua la firme Bernard L. Madoff Investment Securities LLC pour ses performances de 8 à 12% de rendement net par an. Mais en réalité, il s'agissait d'une vaste escroquerie. Le préjudice de cette forfaiture d'envergure a atteint la somme de 65 milliards de dollars. C'est de loin la plus grosse escroquerie financière de l'histoire, qui grâce à la crise financière de 2008 a pu être démasquée.

Le promoteur, Bernard Madoff, a utilisé le concept de la pyramide de Ponzi, qui consiste à payer des intérêts aux premiers souscripteurs avec les dépôts des derniers souscripteurs, pour s'enrichir personnellement et vendre du rêve à ses nombreux clients.

Aujourd'hui, à l'ère des plateformes de *crowdfunding*, des inquiétudes similaires se nourrissent autour des plateformes notamment quant à la gestion des fonds récoltés en ligne. Toutefois, avant de tomber dans la psychose, il est fondamental de bien comprendre le fonctionnement d'une plateforme.

La levée de fonds par financement participatif nécessite la participation de trois acteurs clés : la plateforme, le porteur de projet et le financeur.

La plateforme de *crowdfunding* vise à faciliter des échanges entre le porteur de projet et le financeur dans un cadre stratégique défini qui est fondé sur des infrastructures technologiques fiables et transparentes.

Le porteur de projet est celui qui apporte une idée qui nécessite des fonds dont il n'en possède pas la totalité pour sa mise en œuvre, mais cherche l'appui de la communauté de la plateforme en vue d'atteindre les objectifs de financement avec un échéance fixée à l'avance.

Pour soutenir son idée, il doit se conformer aux exigences de soumettre une présentation qui décrit de la façon la plus claire le projet dont il a l'intention de partager avec les membres de la plateforme.

Ce n'est qu'après une analyse préliminaire du projet que les gestionnaires de plateformes décident de sa mise en ligne. Néanmoins, selon le contexte et le type de projet, des documents supplémentaires peuvent être requis par les plateformes.

La gestion des requêtes de financement sous forme de dons est par nature moins exigeante que celles du prêt ou de l'*equity* car elle n'intègre pas de considérations de rémunération de l'investissement.

Dans le cas du prêt, les plateformes requièrent la documentation financière de l'entreprise tels que les états financiers en vue de mieux appréhender le risque associé et en ressortir en conséquence un taux d'intérêt. En 3 ans d'opération, Fundkiss a analysé près de 3 887 dossiers dont 6% sont parvenus à trouver du financement sur la plateforme[7].

Pour l'investissement en capital, le plan d'affaires est indispensable. Guanxi-Invest, depuis son lancement, a reçu autour de 500 demandes pour 12 entreprises financées.

Le financeur est un acteur important de la chaine du financement participatif qui cherche à s'impliquer davantage dans la vie social et/ou économique de son environnement. Avec son apport financier, il confirme son engagement dans le projet et scelle ainsi le pacte du départ.

Dans le cadre de levées de fonds en *crowdfunding*, la plupart des plateformes applique la politique du « All-or-Nothing », c'est à dire qu'au terme de la période de campagne, la plateforme met à disposition du porteur de projet la totalité des fonds récoltés même s'ils dépassent les objectifs de financement. En cas de non atteinte des objectifs, les souscripteurs sont remboursés.

Pour un porteur de projet, au-delà des enjeux de financement, ce qui est extraordinaire dans une expérience de *crowdfunding*, c'est toute l'énergie qui naît, grandi et se déploie autour d'un projet par la force de petites contributions individuelles de membres qui ne se connaissent peut-être pas au départ.

Le financement participatif est ainsi loin d'être une nouvelle forme d'arnaque du web 2.0 comme se plait à vulgariser une certaine opinion, qui par ignorance ou par penchant pour distiller des *fake news*, vise à discréditer les efforts d'une communauté à promouvoir l'entraide.

Cette révolution financière s'accompagne toutefois de risques potentiels pour les utilisateurs qui, depuis leurs mobiles, représentent des cibles de choix pour les cyber-activistes.

Pour éviter de tomber dans une chaine de ponzi, il est essentiel que les internautes africains s'orientent vers des plateformes agrées par les autorités compétentes.

Outre le risque inhérent aux plateformes, les internautes sont confrontés aussi à des risques de détournement de fonds directement par les porteurs de projets eux-mêmes. Les plateformes, conscientes de ce danger, procèdent systématiquement à des vérifications de profils mais devant des escrocs en perpétuelle créativité, le risque zéro n'existe pas. Sur une plateforme de financement participatif, l'on ne peut être 100% à l'abri d'être exposé à des faux projets dont le but est de récolter des fonds en vue de les utiliser par la suite à d'autres fins. Une fois que les fonds sont transmis à un porteur de projet, il lui incombe la responsabilité de tenir ses engagements en termes de qualité et de délai.

Dans cette démarche de prévention, l'implication des contributeurs est essentielle pour apporter un second filtrage plus spécifique aux projets. Cette procédure n'a pas besoin d'être complexe et sophistiquée. Avant d'apporter une contribution, le donateur, le préteur ou l'investisseur peut mener, de son coté, de simples recherches complémentaires (témoignages, interviews, commentaires, etc.) sur le porteur de projet, s'assurer de la cohérence du projet par rapport au promoteur, et la promesse du projet.

Idée reçue n° 3 – Le crowdfunding s'adresse uniquement à des start-ups

Dans l'époque dans laquelle nous vivons, le terme *start-up* est très en vogue. De nombreux projets émergent à grande vitesse sur le continent, se présentant parfois comme des *start-ups* à fort potentiel de croissance et d'impact pour nos économies.

Toutefois, il est assez difficile de donner un sens précis à ce terme fourre-tout, à travers lequel certains entrepreneurs surfent pour conduire des investisseurs vers des projets bidons.

Notre culture générale nous aide à comprendre qu'une *start-up* est une jeune société qui dispose de peu de moyens et s'emploie à développer un concept innovant pour résoudre un problème, tout s'appuyant sur les nouvelles technologies disponibles et en suivant un modèle économique *scalable* pour parvenir à ses fins.

La nouveauté dans le développement de ce type d'entreprises en Afrique, c'est que chaque pays entend donner sa propre définition de *start-up* sur la base de l'obtention d'un label approprié. Cette politique s'inscrit dans le prolongement de la vision qu'affichent les Etats à vouloir faire de l'innovation un levier redoutable pour réduire le chômage. La labélisation des *start-ups* constitue un enjeu majeur pour les meilleurs acteurs, qui par cette stratégie d'écrémage leur permettra non seulement de se distinguer des autres, mais aussi de bénéficier d'avantages prévues par les *Start-up Acts*[II] tels que, l'adoucissement de la fiscalité, une facilité d'endettement, un accès favorisé aux marchés publics, la protection de brevets, etc.

Aujourd'hui, les *success stories* se multiplient sur le continent dans des domaines aussi variés que les cinq grandes priorité[III] de la Banque africaine de développement. Pourtant les acteurs du milieu y arrivent bien trop souvent par défaut. Si l'on arrivait, à garantir la stabilité de l'emploi, on parviendrait à attirer plus de talents dans les rangs des fondateurs et de leurs équipes autour d'une passion commune. Placer la passion au cœur des facteurs de motivation est fondamentale pour atteindre de hauts niveaux de performance et aussi s'engager dans la durée dans une aventure qui, le sait-on, est parsemée d'obstacles et de difficultés de tous genres.

Dans une certaine mesure, le renforcement de l'accompagnement des pouvoirs publics va contribuer à susciter ce rêve et à encourager d'autres acteurs de l'écosystème à s'investir davantage dans la relation avec les *start-ups*, pour maximiser leur impact.

Les *start-ups* ont un grand rôle à jouer dans la transformation du continent et le dynamisme dont elles font preuve jusqu'à présent donne du sens à « l'Agenda 2063 » établi par l'Union Africaine qui projette sur quatre

---

[II] C'est un cadre juridique dédié aux *start-ups* qui est adopté en tant que projet de loi officiel dans un pays. La Tunisie et le Sénégal en sont des exemples.

[III] Les High 5 : éclairer et fournir de l'énergie à l'Afrique, nourrir l'Afrique, industrialiser l'Afrique, intégrer l'Afrique, et améliorer la qualité de vie des africains.

décennies la vision suivante : une Afrique intégrée, prospère et pacifique, animée et gérée par ses propres citoyens et représentant une force dynamique sur la scène internationale.

Les solutions innovantes développées par ces entreprises, qui en plus d'être plus adaptées aux réalités des ménages, concourent à une meilleure valorisation des produits et services *made in Africa.* Aujourd'hui, les *start-ups* du e-commerce propulsent l'industrie de la mode africaine vers de nouveaux sommets en permettant aux créateurs, dans leur diversité, d'accéder à un marché plus grand et de se soustraire aux difficultés d'acheminement de leurs pièces jusqu'aux clients. En Afrique du Sud, par exemple, les articles de mode représentent la catégorie de consommation en ligne la plus populaire, recueillant ainsi près de 58% des intérêts d'achat[8].

Dans le même temps, les nouvelles technologies donnent une autre possibilité aux consommateurs d'aller plus loin dans la quête de satisfaction de leurs besoins en finançant directement la production de biens matériels ou immatérielles qui seraient plus en phase avec leurs attentes.

C'est dans ce sens que beaucoup estime que le financement participatif est l'outil idéal à la fois pour sensibiliser de potentiels clients par rapport au lancement d'un nouveau produit ou service et de récolter leurs contributions financières pour la réalisation de ce projet. Toutefois, ce mécanisme de financement sert également à d'autres agents économiques à atteindre des objectifs.

Le *crowdfunding* ne s'adresse pas uniquement à des *start-ups*.

Les bénéficiaires de fonds peuvent aussi bien être des particuliers, des associations ou d'autres organisations qui souhaitent recourir à leurs communautés et au grand public, en général, pour recueillir du financement.

Idée reçue n° 4 – Le financement participatif est une pratique illégale

La légende raconte que jadis, Terminus était une divinité très crainte par le peuple romain en raison de son pouvoir de furie envers les insoucieux des règles. Connu pour être le gardien des bornes, il soumettait au châtiment quiconque qui avait l'audace de dépasser la limite de son champ pour empiéter sur l'espace d'autrui.

Rome a durablement marqué le droit européen et son influence s'est étendue jusqu'à nos pays. Dans le monde moderne, tout citoyen qui enfreint les bornes établies par l'Etat est passible de sanctions pénales.

Les ambitions d'intégration régionale des économies africaines ont conduit les pouvoirs publics au début des années 1990 à créer de nouvelles bornes en matière juridique, communes à plusieurs pays notamment les francophones d'Afrique de l'ouest et centrale. D'abord, des mesures prises pour réglementer le secteur bancaire, puis le marché financier. Dans ce contexte, il est dévolu aux régulateurs, la mission d'édicter un ensemble de règles et de pratiques qui s'appliquent aux acteurs de ces marchés et aux instruments qui entrent dans leurs champs de compétence. Ces dispositions sont mises en œuvre afin de faciliter le bon déroulement des activités et de garantir la protection des épargnants.

Cependant, le processus de digitalisation qui est actuellement opéré par les fintechs dans nos économies semble fortement perturber l'environnement juridique, ce qui place les régulateurs dans une posture délicate. Un choix s'impose : sanctionner les hors-la-loi ou opter pour une politique de laisser-faire, le temps d'actualiser les outils de surveillance sur ces pratiques innovantes, et donner une chance aux acteurs de la finance technologique d'exister. Avec un monde qui avance aussi vite, il fallait s'attendre à un scénario pareil.

Daniel Keuffi, un juriste camerounais de renom, avait prédit que la mondialisation entrainerait sans conteste un nouvel ordre juridique où ce ne seront plus les acteurs ou les instruments qui devront s'adapter au droit, mais bien plutôt le droit qui devrait s'ajuster à l'activité des acteurs financiers et à la diversité de leurs instruments[9]. Le cas du financement participatif donne bien des raisons de croire que ce moment est arrivé.

D'importantes réformes sont attendues dans notre région pour faciliter la collecte de l'épargne de particuliers à la faveur du développement économique. Mais en attendant, l'opinion publique reste divisée sur la question de la légalité des plateformes. Pour certains, le financement participatif sous forme de prêt et de capital constituent respectivement une violation du monopole bancaire et une infraction aux règles relatives à l'appel public à l'épargne. Pour d'autres, ces activités reflètent tout bonnement l'extension digital d'un certain nombre d'opérations déjà existantes dans le circuit informel.

Face à cette ambiguïté, il semble important d'orienter le grand public sur les bonnes pratiques recommandées en matière d'utilisation de plateformes de *crowdfunding*.

Le financement participatif n'est pas une pratique illégale.

Dès 2012, un grand nombre de pays membres de l'Organisation de coopération et de développement économiques (OCDE), avec en tête les Etats Unis, ont adopté des textes visant à octroyer des statuts spécifiques aux acteurs de la finance participative. Pour être un acteur reconnu, il faut s'enregistrer auprès de l'autorité compétente de régulation de sa juridiction et se conformer à des exigences qui portent essentiellement sur des questions de protection des données des épargnants, d'adhésion à un code de bonne conduite, de respect de normes relatives au financement du terrorisme, procédures de liquidation et de protection des intérêts des contributeurs.

Ce sont des conditions plus allégées que celles imposés aux acteurs traditionnels des secteurs bancaires et financiers, car l'enjeu n'est pas le même. Il ne s'agit pas de dupliquer ces mêmes marchés. Il est plutôt question de profiter du caractère accessible que revêt ce concept de financement participatif pour favoriser l'expansion d'une nouvelle catégorie d'acteurs en capacité de s'autogérer.

La protection des internautes est centrale et elle s'étend même aux activités annexes des plateformes, pour lesquelles des risques de perte sont perceptibles. Dans ce sens, d'autres dispositions sont intégrées comme celle qui oblige les intermédiaires à disposer d'un plan de continuité pour assurer la conduite des opérations en cours jusqu'à leur terme, en cas de cessation de leurs activités. En France par exemple, il est exigé dans le cadre de la commercialisation de minibons, la mise en place d'un plan de gestion extinctive devant comprendre : l'identification des opérations de gestion indispensables à la continuité des prestations fournies par la plateforme, la formalisation ou la mise à jour des contrats appropriés, la prévision à l'avance des tests techniques nécessaires à la reprise de ces processus par un tiers en cas d'arrêt de la plateforme et les informations pertinentes à communiquer aux utilisateurs de la plateforme[10].

En plus des plateformes, l'équipe managériale est soumise à des obligations de la part du régulateur. La mission de mise en relation qu'exercent les gestionnaires de plateformes, nécessite de justifier d'un certain niveau d'expérience, de compétences professionnelles et de remplir des conditions d'honorabilité.

Les pays africains rejoignent la vague participative progressivement, chacun à son rythme. Le Maroc s'est doté d'un cadre règlementaire au début de 2020. Et depuis lors, d'autres pays tels que la Tunisie, le Nigéria, l'Ile Maurice, le Ghana ont suivi.

Pour le reste, les mesures se font toujours attendre. Toutefois, certains régulateurs offrent aux intermédiaires de ce secteur, dans le même temps, la possibilité de recourir à une forme d'autorisation temporaire pour exercer leurs activités. Au Kenya par exemple, les plateformes peuvent bénéficier de licences encadrées par un bac à sable règlementaires « *sandbox* ». C'est l'occasion pour le régulateur de mieux s'imprégner des risques potentiels des plateformes en situation réelle et dans un environnement contrôlé pour ensuite orienter les décisions finales.

Une fois que l'activité de financement participatif est réglementée dans un pays, l'intermédiaire qui ne dispose pas d'agrément ou d'une autre forme d'autorisation du régulateur compétent est susceptible d'être considéré comme illégal. En revanche, si tel n'est pas le cas, la question d'illégalité n'est pas clairement établie pour tous les modèles de financement et nécessite une appréciation au cas par cas.

Dans les régions francophones de l'ouest et du centre de l'Afrique, le paysage règlementaire est différent. En ce qui concernent les plateformes de *crowdequity*, il faut savoir que toute entreprise ayant recours à elles pour des levées de fonds sollicite, *in fine*, auprès du grand public la souscription et l'achat de valeurs mobilières de placement, susceptibles de générer des bénéfices. C'est une pratique qui est assimilable à de l'appel public l'épargne et encadré par les autorités de régulation des marchés financiers.

Toutefois, selon les textes de loi en vigueur, la notion d'offre au public de valeurs mobilières n'a de sens qu'à partir d'une certaine taille d'investissement ou en impliquant un nombre important de participants. Ainsi, l'émission de titres financiers dont la valeur totale est inférieure à 50 millions de FCFA, ne constitue pas d'appel public l'épargne. Il en est de même si le nombre de personnes réunies pour une opération de cette nature ne dépasse pas la barre des 100[11]. Les plateformes de financement en capital opérant dans cette zone et respectant cette limitation, ne tombent pas sous le joug de la règlementation relative aux marchés financiers.

Sur le point juridique, le modèle du don ne rentre pas en collusion avec les règlementations bancaires et financières. Mais dans certains pays, il peut avoir des obstacles supplémentaires. Par exemple au Maroc, l'appel et la collecte de dons sont strictement encadrés par une loi relative à la générosité publique. Par conséquent, toute initiative dans ce sens doit faire l'objet d'autorisation au préalable. Au Ghana, l'année 2021 a vu l'avènement de premières régulations concernant les formes de dons avec et sans contrepartie pour réguler la gestion et transmission des fonds collectés.

En ce qui concerne les plateformes de *crowdlending*, il est établi dans l'ensemble des pays africains une interdiction à l'endroit de toute personne physique ou morale, en dehors des établissements de crédit agréés, d'exercer une activité de prêts à titre habituel. Ceci porte directement une atteinte aux lois relatives aux établissements de crédit en vigueur dans ces différents pays.

En tout état de cause, le besoin de règlementation est fondamental pour atténuer les risques liés à l'activité du financement participatif et son implémentation doit intervenir sans délai afin d'éviter qu'un désordre ne s'installe. Ceci nécessitera également de nouvelles dispositions pour faciliter l'enrôlement à distance des clients par les plateformes.

Dans les conditions actuelles de marché, il serait plus avisé pour les acteurs de la finance participative du continent de se diriger vers des plateformes locales labélisées *ACfA*[12] ou même celles domiciliées hors de leurs frontières, qui bénéficient d'un encadrement juridique et n'imposent pas de restrictions géographiques.

L'Association Africaine de Crowdfunding (ACfA) a développé un outil de surveillance pour les intermédiaires du continent et délivre en conséquence des labels à ceux respectant de hauts standards de qualité et de sécurité de leurs processus de lutte contre le blanchiment d'argent et contre le financement d'activités illégales, particulièrement en termes de protection des internautes.

Ce label participatif est perçu dans l'industrie comme un gage de crédibilité et contribue sensiblement à instaurer un climat de confiance entre les acteurs du marché de la finance participative et les internautes.

Idée reçue n° 5 – Les plateformes de crowdfunding garantissent le retour sur investissement pour les projets publiés

En Afrique, les attentes du financement participatif sont particulièrement élevées comparées aux autres régions du monde, en raison des grandes ambitions que nourrit le continent pour son développement surtout dans un contexte marqué par le manque de financement pour les entreprises. Si l'on considère l'essor des plateformes de *crowdfunding* comme est une aubaine pour les jeunes entrepreneurs, il en est tout autant du côté du grand public qui y voit en cet outil, de nouvelles perspectives de placements.

Le problème dans cette approche, c'est que les opportunités en finance participative sont associées à des risques élevés, d'où la nécessité de développer une forte culture du risque à l'attention des souscripteurs.

La sélection d'une plateforme labélisée constitue indéniablement un premier niveau de sécurité notamment en termes de filtrages vis-à-vis des fraudes et des arnaques. Mais par-dessus tout, il apparait essentiel pour les contributeurs de disposer eux-mêmes de bonnes connaissances en la matière en vue de se protéger d'autres risques qui sont, cette fois-ci, inhérents aux projets présentés.

Quelle que soit la promesse de rendement, il faut bien être conscient qu'une société en phase de démarrage a peu de chances de ne pas connaitre la faillite avant sa troisième année d'exercice. Dans l'écosystème africain, la Fondation GreenTec Capital Africa estime, à plus de la moitié, les *start-ups* dans ce cas[13].

Cependant, lorsqu'on décide de s'aventurer coûte que coûte dans une telle aventure, il faut au moins définir une limite d'exposition à ne pas franchir car, en cas d'échec, l'investisseur peut perdre la totalité ou une partie de ses fonds.

Les plateformes de *crowdfunding* ne garantissent pas de retour sur investissement pour les projets publiés.

Ce n'est pas leur métier. Leur métier est de faciliter la mise en relation entre porteurs de projet et contributeurs/investisseurs dans de bonnes conditions de marché.

La publication d'un projet sur une plateforme ne constitue pas non plus une appréciation favorable faite par les gestionnaires de celle-ci sur le projet en question. Elle permet simplement d'attester que l'information partagée à ses membres a été vérifiée et est conforme aux règles de soumission. Ensuite, c'est à chaque internaute de se faire sa propre opinion et de juger de l'opportunité.

Lorsqu'on souhaite s'impliquer dans un projet en *crowdfunding*, il est primordial de soi-même mener une *due diligence* profonde de l'entreprise de son choix. Tirer pleinement profit d'une aventure entrepreneuriale demande un minimum de compréhension de l'environnement dans lequel opère l'entreprise. Au-delà de la simple vérification des informations mises à disposition par le porteur de projet, l'intéressé doit investiguer davantage sur l'entreprise ciblée en analysant principalement les aspects financiers, stratégiques, juridiques et commerciaux liés au secteur d'activité visé et de toute évidence, appréhender les questions de management et de gouvernance du projet.

La *due diligence* est une démarche importante du processus d'investissement qui ne peut être négligée. Celle-ci va permettre au contributeur de se créer une vision claire du projet prévu et ainsi s'assurer qu'il est en phase avec ses attentes, avant d'arriver à une prise de décision finale. Les investisseurs moins expérimentés peuvent avoir recours à des experts en financement pour les aiguiller dans leurs réflexions en vue de mieux appréhender le risque.

En *crowdfunding*, le risque est bien réel et nul ne pourrait l'occulter. Il évolue sensiblement en fonction des modèles de financement utilisés, l'expérience des porteurs de projet, la qualité du projet et aussi du niveau de la promesse de rendement associé aux projets.

Sans surprise, le don est le modèle qui présente le moins de risques pour le contributeur, outre les formes d'arnaques.

L'*equity crowdfunding* est par nature le modèle le plus risqué. Par ce biais, les participants aux campagnes de levée de fonds acquièrent des parts d'entreprises à des prix pouvant être surévalués. Dès le départ, la valorisation des entreprises/projets est établie par les promoteurs eux-mêmes ce qui peut fausser la valeur réelle. En échange de son apport financier, le crowd-investisseur a le droit de profiter d'une partie des bénéfices de l'entreprise au cours de la distribution de dividendes et/ou pourra espérer récolter une plus-value à la cession de ses parts. Dans la pratique, ce scénario peut se tenir sur un horizon de long terme pour les quelques entreprises qui survivent la phase de décollage et réussissent bien leur développement.

Il serait surprenant qu'une *start-up* se mette à distribuer des dividendes au cours de ses premières années d'activité, à un moment où le besoin en capitaux se fait très certainement le plus ressentir.

Le moyen le plus courant pour rémunérer son investissement, c'est la cession de titres à de nouveaux acquéreurs. Plus l'entreprise va gagner en maturité, plus elle sera susceptible d'intéresser de nouveaux investisseurs notamment des fonds ou des grandes entreprises. Chaque nouveau tour de table doit enregistrer un prix des actions plus élevé car l'entreprise aura plus de valeur entre temps. Il est de même pour le ticket d'entrée et le capital investi en moyenne.

Toutefois, l'*equity crowdfunding* est considéré comme peu liquide, en raison de l'absence de marchés secondaires sur les plateformes de financement participatif. Il est de ce fait moins aisé de revendre ses actions à tout moment, comme c'est le cas sur des marchés boursiers. Cette situation n'est pas propre au financement participatif, mais plutôt aux sociétés non cotées en bourse en général. Ce nouvel outil de financement vient tout simplement amplifier ce phénomène de manque de liquidité.

Le prêt participatif est considéré moins risqué que l'*equity crowdfunding* pour de multiples raisons. Tout d'abord, c'est un type de financement qui est exclusivement réservé à des entreprises déjà existantes, pouvant justifier d'une capacité d'endettement sur une période donnée.

Ensuite, le *crowdlending* offre une plus grande visibilité de rendement aux préteurs, en atténuant les effets de surprise. Dans cet arrangement, tout est connu à l'avance. Les termes du *crowdlending* prévoient qu'en contrepartie de l'argent octroyé, le préteur perçoive une rémunération pour son investissement. L'accord se formalise par un contrat dans lequel, l'emprunteur s'engage à rembourser le *crowdlender* suivant un tableau d'amortissement défini.

Tout au long de la durée du contrat, le préteur recevra une partie du remboursement de son capital, généralement de façon mensuelle, accompagnée de paiements d'intérêts. Plus les remboursements des échéances se feront régulièrement, plus la plateforme en charge de l'opération sera susceptible de présenter un taux de défaillance insignifiant.

Dans l'univers du *crowdlending*, c'est un véritable enjeu pour les plateformes d'avoir un faible niveau de défaillance d'entreprises pour valoriser leur savoir-faire en termes d'analyse et sélection de bons projets. Le taux de défaillance est une information clé qui permet de distinguer les plateformes qui regroupent les meilleurs TPE et ainsi orienter le grand public vers des canaux viables de levée de fonds. Par exemple, la plateforme FundKiss enregistre un taux de défaillance de seulement 6,5%[14].

Il est capital de s'appuyer sur un indicateur de performance comme celui-ci avant de soutenir un quelconque projet, d'autant plus qu'en l'absence d'obligation pour les entreprises de fournir une garantie ou d'apporter une caution, la perte peut être totale. L'idée étant de minimiser au mieux les chances de s'associer à une société qui ne sera pas en mesure de respecter l'échéancier de prêt avant la fin du contrat.

Une fois qu'un emprunteur est déclaré en situation de défaut de paiement par la plateforme, les créanciers peuvent toujours engager des démarches judiciaires pour éventuellement recouvrer leurs fonds.

En tout état de cause, il convient d'user des plateformes avec beaucoup d'astuces pour ne pas perdre d'argent et pour ne pas freiner leur potentiel de transformation de la société africaine particulièrement, les entreprises, les États et les individus.

Partie II

IMPACT SUR LA SOCIETE

Chapitre 1

UN APPUI A LA LIBERTE DES ECHANGES

Le *crowdfunding* contribue au développement des échanges commerciaux entre les pays par son appui à la création d'entreprises. Cet outil se trouve être déterminant pour le financement de petites entreprises en particulier, qui évoluent dans des marchés de niches.

Avant de prendre conscience de l'impact de l'utilisation des plateformes de financement participatif pour donner vie à ses idées, il est fascinant de voyager dans le temps pour apprécier la modernisation de la société africaine.

Il n'y a pas si longtemps, un roi africain du XIVème siècle oublié de l'histoire est né de nouveau : Mansa Kankou Moussa. À la suite d'un classement sur les grosses fortunes, réalisé en 2012, le monde entier apprend l'histoire du 10ème souverain de l'empire du Mali et surtout sur l'immense richesse qu'il a accumulé au cours de sa vie qui s'évaluerait aujourd'hui à près 400 milliards de dollars.

Un autre fait intéressant, c'est que les récits sur la vie du Mansa nous renvoie à l'organisation de la société africaine au moyen âge et permet de mieux appréhender l'évolution de l'entreprenariat jusqu'à nos jours.

Dans un contexte de gouvernance plutôt autocratique, les royaumes se fondaient et disparaissaient au fil du temps à coup de guerres endémiques. À la clé, le contrôle de la vie économique du royaume, à travers lequel un système de taxes est instauré sur les marchandises et les terres cultivées pour générer des rentes.

Le peuple africain n'a pas toujours connu la liberté d'entreprendre. À cette période, les échanges étaient d'abord très limités et la vie était organisée généralement de façon collective autour d'une économie de subsistance. Chacun consomme ce qu'il produit.

Dès la naissance, on est assigné à des droits et des devoirs relativement au statut social de sa famille. Le facteur familial est l'aspect le plus déterminant de la vie d'une personne. Par exemple, il n'y a pas d'ascenseur social. Aucun habitant ne pourrait aspirer évoluer socialement par la force du son travail car seul le statut confère le droit d'exercer une profession ou d'exploiter des terres.

Par la suite, il s'est développé des échanges avec les marchands du nord, les arabo-berbères, à travers le commerce transsaharien. Du nord, on importe, entre autres, du cuivre, du tissu, du sel et des métaux précieux. Du sud, plus particulièrement de l'Afrique de l'Ouest, on exporte de l'ivoire, des peaux mais surtout de l'or et des esclaves.

C'est dans cet environnement qu'a émergé Kankou Moussa, un conquérant redoutable issu de la dynastie des Keïtas. L'empire du Mali fut créé en 1235 par l'un des membres de la famille, Soundiata Keita. Le souverain Kankou Moussa assure un règne de près de 25 ans au cours duquel il apporte la prospérité et la stabilité à l'empire. Moussa était aussi réputé pour sa grande générosité, révélé au grand jour pendant son fameux pèlerinage à la Mecque en 1324 où il a distribué de l'or tout le long du voyage à tous ceux qu'il rencontrait.

À partir du XVème siècle, l'Afrique s'ouvre à l'Atlantique et des changements majeurs surviennent.

D'abord, le commerce transsaharien disparait au profit d'un nouveau commerce qui naît des relations avec les européens. Ensuite, ce commerce nouvellement mis en place sollicite la participation d'un certain nombre d'acteurs jusqu'à présent exclus du système d'échanges. En plus de s'inscrire dans la continuité des échanges existants avec le monde arabe, le commerce transatlantique affiche une demande pour les produits issus de l'agriculture locale. C'est une avancée qui sera décisive pour la société. Pour la première fois, le citoyen lambda se voit offert une opportunité de revendre ses vivres par le biais de ce marché.

C'est le début d'une nouvelle ère sur le plan de la liberté d'entreprise. Par la suite, une nouvelle classe d'individus fortunés, essentiellement constitués de planteurs et de marchands, voit le jour grâce à l'exportation du surplus de leurs exploitations agricoles. Sur la base de la libre entreprise, un quelconque citoyen peut s'entreprendre dans une culture de son choix et s'enrichir personnellement par la vente de sa production.

L'auteur togolais, Guy Adjété Kouassigan, décrit dans son célèbre ouvrage *L'Homme et la terre : Droits fonciers coutumiers et droit de propriété en Afrique occidentale,* la profondeur de la transformation de la société collectiviste en société individualiste. Avec le développement économique, les produits de l'activité humaine amènent à l'adoption d'une autre échelle de classement social. Dorénavant, le statut du groupe importe peu. Ce qui compte, c'est la réussite personnelle.

De leur côté, les élites politiques ne voient pas d'un bon œil l'émergence de cette bourgeoisie qu'ils ne maitrisent pas. C'est ainsi qu'au cours du XIXème siècle, l'abolition du commerce des esclaves va mettre fin à leurs régimes et ouvrir le champ d'autres perspectives aux africains.

À l'instar des autres régions du monde, l'évolution de la vie sociale en Afrique s'est accompagnée de la modernisation des normes juridiques en vue de permettre à l'entreprise de pleinement jouer son rôle dans le développement économique de nos pays.

Certes, tout le monde n'a pas vocation à être entrepreneur mais il existe aujourd'hui divers modèles de financement participatif qui offrent la possibilité à un individu d'apporter une contribution financière, et dans le même temps en échange, de participer à une expérience entrepreneuriale en étant co-acteur.

Mais bien avant l'apparition des plateformes de *crowdfunding*, la bourse a démontré les nombreux avantages qui découlent du rapprochement entre le grand public et les entreprises sur des questions de financement.

Pour les autorités des marchés financiers du continent, le développement de l'actionnariat populaire constitue un enjeu majeur pour les États et les entreprises locales afin de renforcer l'engagement des citoyens dans l'animation de la vie économique de leurs pays et de favoriser la redistribution des richesses générées à un plus grand nombre. Un partage équitable des fruits de la croissance dans une région est de nature à garantir la stabilité en alimentant le cercle vertueux de l'épargne-revenu-consommation-investissement-revenus-épargne.

Dans cet écosystème, la bourse permet que les actions émises sur son marché par une société cotée soient plus librement et plus largement échangées.

Il y a quelques années, de nombreuses initiatives, inspirées des théories néolibérales développées par les institutions de Breton Woods, ont été mises en place pour démocratiser l'investissement privé dans les pays africains. Le néolibéralisme est un courant de pensée qui vise à placer la libre compétition des agents économiques comme le principal moteur de développement et à limiter au maximum l'intervention de l'État sur le marché. Il faut dire que plus une économie est libre, plus il est facile d'y entreprendre une activité.

Depuis cette période à nos jours, les États se sont progressivement désengagés de façon totale ou partielle d'entreprises publiques et jouent un rôle de régulateur pour garantir le bon fonctionnement du marché.

Dans une volonté d'assurer la détention du capital d'entreprises nationales à des investisseurs locaux, les pays africains ont eu massivement recours aux bourses dans les années 90 dans le cadre de programmes de privatisation.

En plus d'associer la population au développement économique, les opérations de privatisation permettent aux États de tirer une plus-value de leur investissement de départ, ce qui peut servir ensuite à rembourser de dettes ou réinvestir dans d'autres projets. La privatisation partielle d'une entreprise publique permet au pays de toutefois conserver un positionnement stratégique dans le capital et de continuer à peser dans les décisions et les orientations politiques de l'entreprise, tout en bénéficiant des avantages de cotations. C'est le cas, par exemple, de la société sénégalaise de télécommunication SONATEL qui est rentrée sur le marché de la Bourse Régionale des Valeurs Mobilières (BRVM) en 1998 dans le cadre d'une privatisation. Aujourd'hui, l'État sénégalais représente 27% de l'actionnariat et s'est servi des gains de la vente de ses parts au grand public pour renforcer son intervention dans les services sociaux, en particulier dans les domaines de la santé et de l'éducation. Ailleurs dans le monde, une récente étude de la Banque Mondiale sur les privatisations a montré, par exemple, comment pendant près de 10 ans - entre 1990 et 2000 - le Brésil s'est retiré de plus de 160 entreprises publiques et les recettes générées ont contribué à réduire la dette publique de 8 % du PIB[15]. Dans d'autres pays, comme ceux de l'UEMOA, Singapour et de la Turquie, les recettes ont été réinvesties dans l'économie, y compris dans de grands projets d'infrastructures.

Autrefois, l'économie de subsistance dans laquelle ont vécu nos ancêtres ne leur offrait que peu de liberté d'investissement, tandis qu'aujourd'hui les individus sont sollicités pour mettre à disposition leurs ressources au financement des entreprises.

C'est un profond changement de la société dont il faudrait s'en servir pour bâtir des entreprises plus fortes à l'image du baobab. Le baobab a la particularité d'être un arbre robuste, qui a de profondes racines et qui permet à de nombreuses communautés de profiter de ses fruits pendant longtemps. Certaines données historiques montrent que le baobab peut vivre plus de 1 000 ans. Pour des consultants de McKinsey en Afrique, il y a une nécessité absolue pour le continent de produire davantage d'entreprises de ce type pour porter durablement la croissance au-delà des chiffres actuels[16]. Avec des capitalisations boursières de plusieurs milliards de dollars, Shoprite, Dangote Industries et Safaricom sont quelques grands noms de la liste. Comme les baobabs, ces multinationales créent leurs propres écosystèmes, favorisant la création de petites entreprises à travers leurs chaînes d'approvisionnement et leurs réseaux de distribution. Les entreprises baobabs contribuent également de manière substantielle à la hausse du niveau des salaires, à l'amélioration de la productivité, et à la diffusion de la technologie et de l'innovation.

Les politiques économiques adoptées en faveur du développement de l'entreprenariat dans notre région auront du mal, toutes seules à renforcer la présence du grand public dans l'actionnariat des sociétés qui les entourent. Une autre raison importante de sensibiliser la population sur la question de financement de l'économie, c'est aussi pour profiter de sa force de communication. Il n'y a pas meilleur ambassadeur d'un concept ou d'un produit que celui ou celle qui vit l'expérience. L'Afrique a la plus grande population de jeunes au monde et il suffirait qu'elle puisse prendre conscience de ces enjeux de développement pour orienter ses actions conformément à la vision partagée par les décideurs politiques.

Bien que les écrits sur Mansa Moussa existent depuis des siècles, c'est la forte communication à travers les réseaux sociaux ces dernières années qui a permis de le mettre en avant. Après coup, son histoire a renforcé au sein des nouvelles générations une certaine fierté d'appartenance à une société dont un des ancêtres est parvenu à se hisser au niveau de la personnalité la plus riche de tous les temps. C'est sans surprise que l'on note qu'un grand nombre d'entre eux aspire également à impacter le monde d'une façon similaire.

Le recours à l'histoire de l'illustre Kankan Moussa survient également à un moment où des débats identitaires s'intensifient. Aujourd'hui, force est de constater qu'avec le développement de courants tels que le *made in Africa*, la société éprouve un besoin de s'approprier sa culture différemment et mieux affirmer son identité. Naturellement, les entreprises sont nombreuses à saisir cette opportunité et à s'adapter à la demande en proposant de nouveaux produits et services en conséquence. C'est d'ailleurs ce que relève une étude du bureau McKinsey Afrique, réalisée en 2017 auprès de milliers d'entreprises basées sur le continent. Ces entreprises représentent divers secteurs d'activité et dans plusieurs zones géographiques différentes. Il en ressort que près de 44% de ces entreprises, enregistrant les plus fortes croissances et niveaux de rentabilité, reconnaissent l'africanisation de leur offre commerciale comme étant le principal élément de leur stratégie de croissance[17].

L'objectif final est de conquérir de nouveaux territoires.

Dans l'Afrique médiévale, l'empire n'a pas d'autres choix pour engranger davantage de ressources que mener des guerres pour agrandir son territoire. Ainsi, au cours de son règne, Mansa Moussa a contribué au rayonnement de l'empire du Mali grâce à l'annexion d'un total de 24 villes. Mais dans l'Afrique contemporaine, pour atteindre le même objectif, les États doivent miser sur le développement d'entreprises pour augmenter leurs recettes fiscales. Ce sont ces dernières, *in fine*, qui vont à la conquête de nouveaux territoires. Dans cette organisation, les *start-ups* s'occupent généralement de marchés de niche à forte valeur ajoutée, tandis que les autres entreprises ciblent des territoires différents.

Pour aller de l'avant, le continent doit pouvoir compter sur ses *start-ups* d'autant plus qu'aujourd'hui elles disposent d'un excellent moyen de financement qui est non seulement adéquat à leurs situations mais aussi, offre une opportunité au grand public de s'investir dans l'entreprenariat notamment avec le financement participatif.

Prenons le cas des jeux vidéo. C'est un marché qui représente 189,3 milliards de dollars en 2021 et réuni près 2,8 milliards de joueurs dans le monde. Il est essentiellement dominé par de grands groupes tels

Electronics Arts, Nintendo ou encore Ubisoft qui, dans une logique financière, ne portent aucun intérêt à orienter leur développement sur des marchés comme celui de l'Afrique qui ne représente que 1% du marché mondial.

L'arrivée d'internet a toutefois permis l'émergence de studios indépendants basés localement qui ont su profiter de la baisse des coûts logistiques d'installation et de la digitalisation de la distribution pour se faire une place sur le marché. Ce n'est que le dynamisme de ces *start-ups* qui peut permettre de changer le cours des choses et accroitre la présence culturelle africaine dans l'industrie vidéoludique.

Ce n'est pas tout. Les tendances de consommation des jeux vidéo ont elles aussi changé avec le temps et sont aujourd'hui plus en phase avec les spécificités du marché local. Premièrement, les jeux ne sont plus exclusifs aux consoles et ordinateurs comme autrefois, mais ils sont aussi disponibles sur d'autres supports tels que les tablettes et les mobiles, qui sont plus accessible aux populations. Avec un taux de pénétration de 45% en Afrique subsaharienne, le mobile est le principal moyen de connexion à l'internet, par exemple.

Deuxièmement, le ticket d'entrée dans le monde vidéoludique est plus adapté au pouvoir d'achat des joueurs. L'industrie a évolué d'un modèle *buy-to-play*, dans lequel le joueur était contraint de s'acheter un jeu complet pour une utilisation même de courte durée, à un modèle *pay-to-play* où il est possible de payer au juste prix une session ou un forfait pour une durée de jeu bien déterminée.

Le jeu vidéo n'a plus d'âge. L'abondance de variétés est un autre facteur clé de l'essor de l'industrie. Tout le monde, selon ses préférences et son usage, peut y trouver son compte sans se ruiner.

Les NTIC ont vraiment révolutionné l'industrie du jeu vidéo en facilitant l'accès à un plus grand nombre de personnes. Par ailleurs, le dynamisme démographique est un atout considérable pour renforcer la présence africaine dans cet univers. À ce titre, l'Afrique et le Moyen-Orient sont considérés, au niveau mondial, comme les principaux moteurs de croissance du nombre de joueurs, en raison de l'accroissement remarquable de la population connectée à internet dans ces régions depuis plusieurs années.

Selon l'association internationale d'opérateurs télécoms GSMA, l'Afrique subsaharienne comptera près de 170 millions de nouveaux abonnés d'ici 2025. Les communautés rurales sont particulièrement visées compte tenu de l'amélioration de leurs conditions d'accès au marché. Par exemple, aujourd'hui, la part de ce divertissement ne pourrait que représenter 9% de leurs revenus journaliers, s'ils le désirent et ceci équivaut en proportion équivalente à ce qu'un européen dépenserait en loisirs et culture[18].

Au-delà de sa dimension ludique dont les bienfaits sont d'ailleurs reconnus sur la santé des joueurs, l'industrie du jeu vidéo sur le continent manque cruellement de moyen. Avant de se lancer dans la production, il faut du financement et ce ne sera assurément pas l'œuvre de baguettes magiques. Qu'on se trouve à Nairobi ou ailleurs dans le monde, la difficulté à laquelle se confrontent les développeurs indépendants en matière de financement est la même. Les fonds propres dont ils disposent sont bien souvent disproportionnés par rapport aux besoins en capitaux requis pour créer de la valeur, celle qui est tant attendue à travers des jeux originaux.

Facteur défavorable, l'industrie est naissante et peu connue du monde de la finance classique. La frilosité de ces acteurs à s'engager dans des secteurs non maitrisés est tout à fait compréhensible surtout que les risques sont, en revanche, plus connus de tous. Après la sortie d'un jeu, les amateurs peuvent le trouver ennuyeux, de mauvaise qualité, comportant trop d'anomalies, etc. Autant de commentaires négatifs qui vont conduire l'opération vers un fiasco.

Quel que soit le degré d'originalité d'un projet, il est essentiel de récolter un maximum d'avis pour valider son idée. Bien plus, ce processus pourrait servir ne serait-ce qu'à mesurer l'appétit d'un jeu auprès de son public avant de finaliser la conception. C'est d'ailleurs ce que de grands éditeurs s'emploient à faire de nos jours.

Le processus de validation d'un projet est particulièrement important dans l'industrie vidéoludique d'autant plus que les conseils qu'apporte la communauté de *gamers* peuvent s'accompagner d'un soutien financier pouvant assurer la production.

Plutôt que de vivre les difficultés de financement comme une fatalité, les développeurs indépendants s'appuient sur leurs communautés pour lever des fonds. Généralement, cette approche se déroule dans un cadre assez restreint auprès de l'entourage des dirigeants. Puis, en cas de non aboutissement, c'est tout le public qui est visé.

Le principe de levée de fonds reste le même que pour les autres secteurs d'activité, c'est-à-dire que le studio de développement, qui n'est rien d'autre que le porteur de projet, soumet une requête de financement sur la plateforme *crowdfunding* de son choix en y associant des éléments d'appui tels qu'un plan d'affaires, un calendrier prévisionnel du développement, un projet marketing, un prévisionnel des ventes, etc.

En échange, le joueur recevra une promesse sur le partage des revenus futurs ou tout simplement un cadeau symbolique tel qu'un gadget à l'effigie du jeu.

Aujourd'hui, une grande partie des fonds levés en financement participatif sert à financer les jeux. Par exemple, sur les 730 millions de dollars récoltés en 2020 par la plateforme Kickstarter, un des leaders mondiaux du *crowdfunding*, 36% étaient destinés au segment « jeu ».

Le financement participatif a cette habileté de mettre en relation des développeurs avec des personnes à la fois passionnées de jeux vidéo et à la recherche d'opportunités d'investissement. Certains joueurs sont parfois prêts à investir des sommes considérables pour expérimenter la suite d'un jeu pour lequel ils éprouvent déjà un fort attachement.

En tout état de cause, il y a un véritable enjeu pour les producteurs de tirer un maximum de soutien de leur base de fidèles et ainsi constituer des joueurs-contributeurs ou des joueurs-investisseurs. Tout dépendra du modèle adopté pour la levée de fonds.

Au Cameroun, Kiro'o Games est le premier studio de jeux vidéo professionnel de la région Afrique centrale. Cette *start-up* basée à Yaoundé a été fondée par Olivier Madiba et a débuté ses activités en 2013 avec l'ambition de raconter les mythes et les légendes africaines en donnant l'opportunité à chacun de jouer le rôle d'un personnage au sein d'un monde fictionnel. Pour financer son développement, Kiro'o Games a recours au financement participatif. En 8 ans, cette technique a permis à la *start-up* de lever plus de 500 000 dollars en capitaux propres. Kiro'o Games n'a pas attendu de collecter l'intégralité des fonds avant de commencer l'aventure. Pour tenir compte des difficultés de mobilisation de départ, la *start-up* a procédé à une répartition des parts sociales en fonction des phases de réalisation de leur premier projet *Aurion, l'héritage des Kori-Odan.*

Au-delà des entreprises, la finance participative s'avère être un excellent moyen pour enrichir les Etats.

Chapitre 2

UNE OPPORTUNITE POUR AMELIORER LES FINANCES PUBLIQUES

Le poids du secteur informel a toujours été considéré comme un défi pour accroitre les recettes fiscales dans les pays africains.

Selon la Banque Mondiale, l'informalité est généralement définie comme la production légale de biens et de services qui est cachée aux autorités publiques pour des raisons monétaires (impôts et des cotisations de sécurité sociale), réglementaires ou institutionnelles[19]. C'est pourquoi plusieurs initiatives sont mises en place dans ce sens pour inciter les acteurs de l'économie informelle à se déclarer et à se conformer aux règles établies.

La perspective de vivre dans des pays africains économiquement plus riches dépend de plusieurs facteurs y compris celui de l'amélioration de la collecte des impôts des entreprises, et le financement participatif se veut être une solution viable pour soutenir la création et l'expansion d'entreprises responsables qui paieront leurs taxes aux autorités.

Pendant longtemps, dans l'histoire de l'humanité, la richesse d'une région se mesurait exclusivement sur la base de la taille de sa population pour la simple raison qu'en l'absence de machines ou d'autres outils sophistiqués, c'est la force physique qui tirait la production vers le haut. Pour maximiser la croissance, il fallait donc être plus nombreux. Toutefois, à cette époque, le continent a vu ses chances d'exploitation de ce potentiel se réduire en raison des épidémies et des cas de famine qui se sont succédés, mais aussi à cause de la traite des esclaves qui s'est opérée. Par exemple, entre 1750 et 1900, tandis que la population mondiale doublait pour atteindre 1,6 milliards, la population africaine a stagné autour de 100 millions d'habitants[20].

Aujourd'hui, pour tenir compte des avancées scientifiques et technologiques, le poids démographique, pris tout seul, est une donnée qui importe peu les statisticiens dans la mesure des richesses. C'est surtout l'emploi des populations dans le processus de production qui compte le plus.

De nombreux indicateurs économiques comme le produit intérieur brut par habitant ont été élaborés pour mieux appréhender le niveau développement des pays. Sur cette base, il n'échappe à personne que la course effrénée à l'enrichissement ait provoqué d'importants déséquilibres, à tel point que les pays dits du Nord, ceux qui sont considérés comme les plus industrialisés et plus riches économiquement, ont décidé d'apporter leurs assistances aux pays du Sud pour réduire les écarts de richesses. À ce jour, l'Afrique subsaharienne a reçu plus d'un trillion de dollars dans le cadre de l'aide au développement, octroyée principalement par un ensemble de pays qui forme l'OCDE.

Tous ces efforts devraient assurer l'évolution d'un monde plus égalitaire afin de permettre aux populations les plus défavorisées d'avoir accès à un meilleur bien-être, notamment par la réalisation des 17 Objectifs de Développement Durable (ODD) à l'horizon 2030[21]. Pourtant, en fin de compte, cette aide divise.

Dans le fond, recevoir de l'aide d'un ami ne devrait pas provoquer de l'indignation mais plutôt une forme de reconnaissance envers le bienfaiteur. L'histoire a montré, à bien des égards, que chaque peuple a eu besoin d'autrui à un moment donné pour tenir en équilibre. C'est d'ailleurs dans ce contexte, entre pays du nord, qu'est né le concept d'aide publique au développement. Au lendemain de la seconde guerre mondiale, les américains décidèrent d'aider à la reconstruction de l'Europe et leur assistance s'est matérialisée par le Plan Marshall, ce qui a ensuite permis de relancer les économies européennes. C'est au vu de la réussite de cette initiative que les Nations Unies se sont résolus à automatiser cet élan de solidarité à une échelle plus importante en dupliquant le modèle en vue de permettre à d'autres peuples de profiter du soutien collectif.

Quelques pays en ont fait l'expérience et parmi eux, le cas de la Corée du Sud reste parmi les plus spectaculaires. Le pays est passé du statut de bénéficiaire de l'aide au développement à celui de donateur en l'espace d'un demi-siècle, bien que rien ne prédestinât ce pays à un avenir aussi radieux.

Dans la marche vers le progrès économique et social, la Corée du Sud a bénéficié entre 1945 et 1999, globalement d'une aide internationale de 44 milliards de dollars[22]. Au début des années 50, le pays est secoué par une crise humanitaire de grande ampleur qui fait suite à l'éclatement de la guerre de Corée. Pendant trois années, les deux Corées – celle du sud et du nord - vont s'affronter ; ce qui occasionnera la mort de plus de deux millions de personnes. Dans un premier temps, l'aide internationale qu'a reçue la Corée a servi à soulager les populations de la détresse et à rétablir l'ordre. Ensuite, vint le moment de reconstruction des infrastructures, avant d'entreprendre les grands travaux d'industrialisation. L'État décida alors d'orienter les fonds provenant des pays donateurs vers des secteurs jugés prioritaires tels que les industries, l'agriculture, la pêche et les PME, dans leur ensemble. Pour faciliter la distribution des fonds, plusieurs banques de développement ont été créées. La dernière tranche d'allocation de l'aide extérieure s'est centrée sur la stabilisation de la croissance par la vulgarisation de la technologie et l'impulsion de la recherche scientifique.

Aujourd'hui, la Corée du Sud enregistre un taux de pauvreté similaire aux pays développés. En 2018, le taux de pauvreté relative de ce pays était seulement de 600 points de base supérieur à la moyenne de l'OCDE de 11,1 %.

Beaucoup d'enseignements peuvent être tirés de ce parcours pour améliorer l'exécution des programmes d'aide sur le continent, d'autant plus que ce concept est vivement critiqué à l'heure actuelle et nécessite d'être reformé.

D'abord, les conditions qui accompagnent les dons et prêts concessionnels à destination des pays bénéficiaires sont jugés excessives. Ensuite, la pauvreté gagne du terrain malgré tout ce qui est fait. La situation s'est nettement dégradée avec un nombre de pauvres qui est en hausse de plus 50% depuis les années 90 ; ce qui remet en cause les questions d'efficacité et de durabilité.

S'il y a des problèmes, il faut bien en détecter l'origine. Premièrement, en ce qui concerne la gestion des fonds, il fait état qu'une partie importante des fonds mis à disposition aux pays récipiendaires est détournée et ne sert donc pas à financer les besoins identifiés.

Deuxièmement, l'impact durable d'une action menée dépend fortement de la capacité du pays bénéficiaire à poursuivre l'action à la fin de la mission d'assistance. Pour les pays africains qui sont actuellement en véritable chantier, les besoins sont tels que l'aide a tendance à se prolonger et perd son sens premier d'assistance. Depuis maintenant 50 ans, un certain nombre de problèmes qui a nécessité le recours à l'aide extérieur reste non résolu, donc y crée une dépendance au détriment même du renforcement des capacités propres des pays à générer de nouvelles richesses.

Troisièmement, les fonds attendus par les donateurs ne sont pas à la hauteur des fonds récoltés ; ce qui est de nature à réduire l'impact envisagé. Depuis 1970, les pays donateurs ne parviennent pas tous à respecter le niveau de contribution fixé par les Nations Unies qui s'établit à hauteur de 0,7 % de leur revenu national respectif. Ainsi, selon l'organisme international Oxfam, les pays en difficulté auraient dû recevoir près de 5,7 trillions de dollar en plus au cours des 6 dernières décennies. Ceci sous-entendrait que si cet appui complémentaire avait pu être fourni, un nombre plus important de pays du globe serait sorti durablement de la pauvreté.

Sur cet aspect, les opposants à l'aide au développement ont une approche différente. Ils estiment, tout au contraire, qu'injecter plus d'argent dans le système ne parviendrait pas à accroitre l'efficacité de cette aide en Afrique. De plus, ils s'insurgent catégoriquement contre cette forme d'assistance permanente en soutenant l'idée que l'aide profiterait plus aux bienfaiteurs qu'aux destinataires.

L'économiste zambienne Damisa Moyo est l'une de ces figures panafricanistes opposée à l'aide internationale. Dans son imaginaire « République du Dongo », elle dépeint un pays au bord du précipice qui en dépit de l'abondance de l'aide au développement, apparait en constante régression.

La République du Dongo est un pays indépendant depuis 1960 qui abrite une population de près de 30 millions d'habitants principalement jeunes. 50 % d'entre eux n'atteignent même pas l'âge de 15 ans avant de connaitre la mort par manque de soins, pourtant le pays est riche. Sujet de convoitise de la part du monde entier, son sous-sol regorge d'or et de cuivre. Ce qui apparait accablant, c'est qu'à côté de cette richesse, le peuple vit dans une misère profonde. Sa richesse est en réalité sa première source d'ennuis. L'espérance de vie de la population ne dépasse pas 40 ans et pendant toute leur durée de vie sur la terre, 70 % d'entre eux vivent avec moins d'un dollar par jour.

Comme l'on pourrait se l'imaginer, le Dongo est un pays éternellement endetté et son PIB reste tributaire de recettes liées aux exportations de matières premières. Après son indépendance, le pays a embrassé un système socialiste qui l'a confronté, une décennie plus tard, à faire face à une dette accumulée de 3 milliards de dollars USD, soit le double de son PIB annuel. C'est la panique ! Pour se rééquilibrer, le pays décide de libéraliser son économie et fait également le choix d'un changement de modèle de gouvernance plus inclusif, centré autour de valeurs démocratiques. Mais au-delà des efforts consentis par les autorités du Dongo pour assurer le développement, la situation ne s'améliore pas et l'aide internationale apparait *in fine* comme un facteur prépondérant au ralentissement du pays.

Pour se soustraire durablement de cette dépendance, Damisa Moyo préconise l'adoption d'une alternative économique qui vise graduellement à compenser l'apport de l'aide au développement en favorisant un plus grand recours aux marchés des capitaux du continent, en encourageant les investissements directs étrangers (IDE), en dynamisant les échanges commerciaux et en intégrant les populations jusqu'à présent exclues du système financier[23].

Il y a urgence à agir pour renforcer le financement de long terme des économies africaines. Et si le financement participatif servait à construire un nouveau modèle de coopération ?

La société civile s'est invitée à ce débat habituellement mené à un haut niveau par les dirigeants africains et des experts en la matière notamment en diplomatie, finance et économie, eu égard à la nature des enjeux.

Le développement des NTIC et des réseaux sociaux a facilité la prise de parole du citoyen pour exprimer ses inquiétudes. C'est pourquoi, face aux conséquences attendues de la pandémie de la COVID-19 sur les économies du continent, il faudra s'attendre à une hausse de la grogne des populations. Déjà qu'en 2018, près de 40% de la population africaine vivait avec moins de 1,90 dollar par jour. Le dernier rapport sur la pauvreté de la Banque Mondiale tire la sonnette d'alarme sur le risque de faire basculer au niveau mondial 132 millions de personnes dans l'extrême pauvreté d'ici 2030[24].

Le plus inquiétant dans cette énième crise, c'est son élargissement géographique. La pauvreté change de visage et ne va pas que se concentrer dans les zones rurales comme cela est généralement le cas. Selon les estimations, les « nouveaux pauvres » sont plus susceptibles de vivre en milieu urbain que les personnes qui souffrent de pauvreté chronique. En dehors de l'agriculture, ces personnes seraient dans des secteurs tels que les services informels, le bâtiment et l'industrie manufacturière.

La volonté que peut exprimer les africains à accroitre leur autonomie rejette toutes idées de renfermement, mais plutôt celle d'accroitre la confiance de partenaires internationaux dans l'exploitation de son potentiel de développement économique, autrement.

À cet égard, en se basant sur les propositions faites par Damisa Moyo dans *l'Aide fatale*, il apparait explicitement que le financement participatif est en capacité d'accélérer la mise en œuvre de la politique d'indépendance africaine tant attendue et mérite, par conséquent, une plus grande attention.

1 – Solliciter les marchés de capitaux - Depuis leur envolée dans le courant des années 90, les marchés boursiers du continent ont certes joué un rôle important dans le financement des économies en permettant d'injecter notamment plus de 560 milliards de dollars américains rien que par le biais d'obligations, mais leurs contributions ne sont toujours pas jugées suffisantes pour couvrir l'ensemble des besoins nationaux. Pourtant, le potentiel est bien réel. Le continent compte aujourd'hui près de 28 bourses, dont deux bourses régionales, qui abritent environ 1 100 sociétés cotées avec une capitalisation boursière totale de plus de 2 trillion de dollars US. Toutefois, le rapport capitalisation boursière/PIB africain s'établit à 62% en 2020[25] et cela dénote que les marchés sont sous-évalués. Dans des zones comme celle de l'UEMOA, le ratio n'est que de 12%.

Il y a un véritable enjeu pour les investisseurs d'accroitre leurs interventions sur ces marchés en vue de pleinement profiter des retombées de la croissance envisagée et de contribuer, dans le même temps, au développement du continent. La Corée du Sud a réussi le pari de la mobilisation des ressources internes dans les années 60, c'est-à-dire à l'entame de son industrialisation, en misant sur le développement de l'épargne locale via la bourse. Cette politique a gagné le soutien populaire et s'est reflétée par une forte participation massive de la population et des investisseurs institutionnels, principalement les banques. En l'espace de deux décennies, l'épargne nationale a triplé. Le taux d'épargne du pays est passé de 9% à environ 30% du PIB au milieu des années 1980[26].

Aujourd'hui, l'idée ne serait pas de répliquer des modèles de réussite sans tenir compte des changements qui ont transformé le monde entre-temps. Les évolutions technologiques permettent maintenant de faciliter davantage la collecte de l'épargne des citoyens quelle que soit leur zone géographique pour la rediriger vers des projets locaux de solidarité et d'utilité sociale à travers le mécanisme du financement participatif. Le développement d'un tel outil aura naturellement un impact important sur les activités des marchés financiers car il contribue également à l'éducation financière par la pratique.

Sur le continent, ce ne sont pas les campagnes de sensibilisation qui manquent pour améliorer les connaissances du grand public sur les produits de marché et les risques pouvant y être associés. Mais l'ouverture de comptes titres semble constituer un trop grand pas à franchir pour les épargnants d'une part, en raison du seuil minimum de fonds requis par les courtiers et de l'autre, à cause de certains préjugés qu'on pouvait penser déjà surannés tels que celui faisant passer la bourse comme une organisation réservée à l'élite. Du côté des émetteurs, il y a toujours des réticences à s'ouvrir au public. En fin de compte, les catégories ciblées ne s'autorisent pas à vivre une expérience boursière. Pourtant, sans se donner des chances de vaincre les préjugés en se forgeant sa propre expérience, les perspectives de changement seront toujours limitées.

Face à cette situation, les plateformes de *crowdfunding* ont des atouts redoutables en termes d'accessibilité à des instruments de levée de fonds ; ce qui est de nature à favoriser son utilisation par un plus grand nombre de personnes. Il peut donc être considéré que le *crowdfunding* est une forme de rapprochement des citoyens au financement désintermédié et cela revêt un caractère exceptionnel. Non seulement, les plateformes vont permettre de stimuler l'engagement du grand public envers leurs communautés, mais aussi elles vont permettre de préparer une nouvelle génération d'investisseurs et d'entrepreneurs à prendre part aux activités des marchés financiers.

De plus, la transparence des résultats de campagne en temps réel, ne serait-ce qu'en termes du nombre de participants et du montant des souscriptions en fonction du nombre de jours écoulés, contribue à démystifier les procédures de levée de fonds et permet de mettre en exergue, une fois de plus, le pouvoir de la foule.

Pour que le continent gagne davantage en indépendance, il est capital que chaque citoyen puisse être conscient de la force qu'il représente déjà tout seul et de la nécessité de regroupement en vue de soutenir le développement de nos États et de nos entreprises locales. À force de penser que le salut ne vient que de l'extérieur, on n'exploite pas assez les forces endogènes.

Pour le Professeur Yash Tandon, un activisme reconnu pour son opposition à l'aide au développement, la première étape pour sortir de la dépendance est d'agir sur les mentalités. C'est un point majeur défendu dans son ouvrage *Ending Aid Dependence*. Il faut dire que la position de notre état d'esprit se forge à partir de l'image que nous nous faisons de nous. Le *crowdfunding*, qui revêt dans son mode de fonctionnement, un aspect communautaire serait peut-être cette solution tant attendue pour encourager l'investissement « patriotique ».

Le fait d'intégrer que le financement participatif va concourir au passage d'un modèle économique privilégiant la main tendue, l'aide, à une alternative encourageant l'investissement de la foule, est en soi une avancée.

2 – Favoriser les IDE – Les investissements directs à l'étranger (IDE) constituent un apport important en capitaux pour les pays africains et contribuent également à leur développement par la création de nouvelles richesses.

En 2020, l'Afrique n'a attiré seulement que 4% des 859 milliards $ mobilisés par l'investissement privé international. C'est une part relativement minime quand l'on connait le potentiel inexploité du continent. La pandémie de COVID-19 a certainement eu un impact important sur les décisions d'IDE dans le monde mais la faiblesse du flux en Afrique va au-delà du ralentissement de l'économie.

Il faut dire que la disponibilité de ressources naturelles en abondance ne suffit pas seulement pour attirer davantage de capitaux extérieurs. D'autres considérations tout aussi structurelles entrent en ligne de compte. C'est le cas par exemple de certains facteurs liés à la stabilité politique et économique, au niveau de la corruption, à la qualité des infrastructures, au poids de la fiscalité, au respect de l'État de droit, etc.

Pour susciter plus d'intérêt, les gouvernements africains ont fourni beaucoup d'efforts jusqu'à présent pour améliorer le climat des affaires. Mais le bilan reste encore mitigé. Aussi convient-il de souligner que l'accent porté cette dernière décennie sur le développement des PME, associé à des perspectives de développements régionaux favorables, semble influencer différemment la tendance des flux des IDE à destination du continent.

De nouveaux investissements visent des secteurs ayant une plus forte valeur ajoutée notamment ceux des industries manufacturières et des services au détriment des matières premières. Par exemple, les projets liés à l'extraction minière et pétrolière ainsi qu'à la transformation du charbon représentaient près 20% des annonces d'investissement dans de nouveaux projets en Afrique entre 2016 et 2020 contre 50% 10 années plus tôt[27]. De ce fait, il va falloir miser encore plus sur la croissance des entreprises locales pour valoriser le potentiel africain en vue d'attirer un surcroît d'IDE international. C'est pourquoi nombreux sont ceux qui pensent que le financement participatif a un rôle important à jouer pour mobiliser les citoyens africains autour de ces thématiques d'investissement pour soutenir la dynamique dès le début de la chaine de financement. L'impact se ressent déjà sur plusieurs secteurs porteurs comme celui de l'industrie culturelle évoqué avec le cas des jeux vidéo.

Les énergies renouvelables sont encore une autre illustration qui démontre bien l'apport du *crowdfunding* dans la valorisation du *made in Africa*. Selon la Banque Africaine de Développement, ce sont près de 40% des populations du continent qui n'ont toujours pas accès à l'électricité de nos jours. Pour relever ce défi, plusieurs solutions pour soulager les ménages ont été développées localement à l'aide de panneaux solaires en vue de produire de l'énergie à moindre coût, tout en respectant les standards internationaux et environnementaux. La plus grande difficulté de réalisation de ces projets se trouve dans le financement nécessaire pour le démarrage. Cette situation pousse alors un grand nombre d'entrepreneurs à se tourner vers des plateformes de *crowdfunding*. Tout naturellement, ceux et celles qui ont des intérêts directs dans ces régions se sentent aussitôt interpellés.

Mais aussi, d'autres communautés résidant aux quatre coins du monde et engagées dans la lutte contre le réchauffement climatique peuvent être sensibles à l'appel et y contribuer. C'est exactement dans ce contexte que se déroule les opérations de financement sur TRINE, une plateforme spécialisée dans le domaine des énergies renouvelables. Fort de ces activités, cette plateforme suédoise a permis d'apporter, jusqu'en 2021, de l'électricité à plus de 2 millions de personnes situées principalement dans des zones rurales de 12 pays d'Afrique[IV].

Sous une autre forme, le développement des activités de *crowdfunding* s'avère également bénéfique pour des investisseurs étrangers qui sont toujours à l'afflux de nouvelles statistiques pour approfondir leur compréhension concernant un pays cible. C'est d'autant plus nécessaire car, au stade de notre développement, les indicateurs de performances économiques classiques tels que le PIB qui guident essentiellement les décisions d'investissement

[IV] Afrique du Sud, Ghana, Kenya, Malawi, Nigéria, Ouganda, République Démocratique du Congo, Sénégal, Sierra Leone, Tanzanie, Togo, Zambie.

essuient actuellement de vives critiques. Il leur est notamment reproché de sous-estimer les progrès réalisés dans l'amélioration du bien-être des individus.

L'économiste politique italien Lorenzo Fioramonti en a fait une théorie centrale dans ses travaux de recherche. Pour lui, il est primordial qu'au 21ème siècle, il soit développé de nouveaux indicateurs et de nouvelles techniques de collection de données plutôt que de continuer à s'encadrer dans des pratiques obsolètes[28]. Dans ce sens, l'analyse du PIB devrait s'accompagner d'autres indicateurs tels que ceux du développement durable, des systèmes d'économie informelle, des inégalités des revenus, des flux de recettes fiscales, etc. Par exemple, les données générées par les plateformes pourraient permettre de refléter davantage les efforts qu'un pays consacre pour se doter d'outils modernes pour faciliter la migration de capitaux issus du circuit informel vers le formel.

En 2020, 528 millions de dollars ont été levés au moyen de la finance alternative au Ghana, faisant de ce pays le centre de gravité du *crowdfunding* de l'année sur le continent. Les communautés ghanéennes ont très tôt adhéré à l'innovation offerte par les plateformes sans doute en raison de la grande popularité dont bénéficiaient déjà les formes de levées de fonds traditionnelles[V], mais aussi grâce à l'action de l'État. Deux années plus tôt, le Ghana a adopté une stratégie nationale d'inclusion financière et de développement visant à faire passer, dans le pays, l'inclusion financière d'un niveau de 58 % à celui 85 % d'ici 2023. Le financement participatif y a été identifié parmi les instruments financiers pouvant concourir à atteindre cet

[V] *Susu, Nnoboa* et *Ntoboa*

objectif et ceci a conduit les autorités à créer un cadre juridique par la suite.

En termes d'usage de statistiques, ce n'est pas tout. Des chercheurs de l'Université de Cambridge en Angleterre et de l'Université d'Agder en Norvège ont révélé dans une étude sur l'implémentation de la finance participative dans le monde le bénéfice de nouveaux indicateurs économiques, rendus possible grâce à l'essor de plateformes de collecte (Ziegler et al. 2020).

D'abord, il a été établi une forte corrélation entre le développement économique (représenté par le PIB par habitant) et les volumes du marché du financement participatif par habitant, indiquant que les niveaux les plus élevés de développement économique ont tendance à être associés à des volumes de financement participatif par habitant plus importants. Ensuite, il a été montré que les volumes nationaux de financement participatif sont positivement associés à l'état de droit dans le pays, à sa qualité de réglementation, à la gestion de la corruption, à la présence de règlementations explicites ou adaptées en matière de financement participatif, à la facilité de création d'entreprise et la rentabilité financière des intermédiaires financiers existants (par exemple le secteur bancaire).

3 – Stimuler les échanges commerciaux – Soutenu par les théories néolibérales des années 80, le libre-échange a fini par s'imposer comme le modèle de référence de développement des économies dans le monde. Aujourd'hui, les échanges commerciaux sont conduits à près de ¾ par les multinationales qui ont d'ailleurs su pleinement tirer profit du changement des règles d'investissement et de commerce pour renforcer leur pouvoir, relativement à la mise en place en 1995 de l'Organisation Mondiale du Commerce (OMC) et d'autres instances similaires.

Dans la pratique, la globalisation limite grandement les marges de manœuvre des pays africains dans la promotion de leurs entreprises nationales. Par exemple, de nos jours, il n'est plus permis d'user d'un grand nombre de mesures protectionnistes comme c'en a été le cas pour les pays d'Asie de l'Est dans le cadre de leurs stratégies d'industrialisation telles que les subventions à l'exportation.

Mais ce n'est évidemment pas la raison principale qui explique la faible représentation des entreprises africaines dans des chaînes de valeur mondiale. Même au sein du continent, les échanges ne sont pas aussi dynamiques que dans les autres régions du monde. Ils ne représentent que 17% contre plus de 60% ailleurs.

Ainsi, accroitre le volume des échanges commerciaux intra-africains doit être une priorité pour tous, tout autant pour les gouvernements que pour le secteur privé. C'est dans ce sens que la zone de libre-échange continentale africaine (ZLECAF), qui est l'un des projets phares de l'Agenda 2063 de l'Union Africaine, constitue un enjeu de taille qui va permettre à terme de favoriser un développement économique durable, de créer des milliers d'emplois et surtout de faciliter l'intégration du continent africain dans l'économie mondiale. D'importants investissements sont donc nécessaires pour le succès de sa mise en place.

De par sa contribution au développement des capacités de production d'un pays en facilitant l'accès au financement des *start-ups* et petites entreprises, le financement participatif est d'emblée un appui à l'accroissement du commerce africain.

Même si les statistiques disponibles ne permettent pas de mesurer avec précision la part allouée aux entreprises du continent, les experts de l'industrie s'accordent à dire que la grande majorité des fonds levés servent à financer la création et l'expansion d'entreprises. La difficulté vient du fait que sur les plateformes, les prêts, qui sont d'ailleurs la catégorie la plus plébiscitée par le grand public, sont comptabilisés comme étant destinés à la consommation plutôt que des prêts aux entreprises.

L'intégration des marchés renvoie le plus souvent à l'idée de faciliter la circulation des marchandises et la liberté de prestations de services au sein de la nouvelle zone créée.

Mais, il n'y a pas que cet aspect. Il faut également s'attendre à un accroissement de fusions-acquisitions d'entreprises dans le même temps pour accélérer ce processus.

Selon une étude du cabinet Boston Consulting Group (BCG) réalisée en 2021, la part des repreneurs africains n'a cessé de se multiplier d'environ 5% par an entre 2012 et 2019 et les *start-ups* font l'objet de beaucoup de convoitises.

L'acquisition en 2021 de la fintech Selpal en Afrique du Sud par la First National Bank, la plus ancienne et l'une des plus grandes banques du pays, est un cas parmi tant d'autres. À travers cette opération, l'enjeu pour la banque était d'accéder au réseau de distributeurs de Selpal, essentiellement établit dans les bidonvilles.

Au sein des multinationales du continent, il y a une tendance qui se généralise d'acquérir des *start-ups* pour protéger leurs intérêts et gagner en part de marché. Dans ce sens, plusieurs initiatives sont mises en place afin de faciliter la détection de jeunes pousses prometteuses. Que ce soit par la création d'un incubateur, l'organisation de fintech challenges ou le lancement d'un fonds de capital-risque, les idées ne manquent pas.

Tout naturellement, préparer les *start-ups* et les petites entreprises à capter l'investissement du grand public reste un moyen privilégié pour le *crowdfunding* en vue de stimuler les fusions-acquisitions, d'autant plus que cela constitue une opportunité de sortie pour les actionnaires.

4 – Intégrer les exclus du système financier – Depuis plus d'une décennie, les opérateurs de téléphonies et les établissements de micro-finance s'activent aux côtés des banques pour accélérer l'inclusion financière sur le continent en facilitant l'accès aux services financiers à des communautés restées jusqu'à présent en marge du système financier classique. Il est établi que le fait de disposer d'un compte bancaire et de pouvoir profiter des avantages y étant associés améliore le quotidien des populations. Cela permet non seulement de mieux gérer les flux de trésorerie d'un ménage mais aussi à résister davantage aux chocs économiques imprévus, et donc plus susceptible d'être économiquement résilient.

En Afrique, plus de 400 millions de personnes (dont une majorité de femmes) sont encore concernées par cet enjeu et les fintechs s'avèrent être des partenaires intéressants pour les acteurs traditionnels en vue d'insuffler le changement.

Les plateformes de financement participatif sont une preuve visible de la contribution de la finance technologique au renforcement de l'inclusion financière et du développement économique et social. En effet, sur les 1,2 milliards de dollars levés en 2020 sur le continent, 49% des fonds proviennent d'individus considérés comme non bancarisés. C'est une injection remarquable de liquidité dans l'économie formelle.

Dès le moment où des projets proposés à un public non bancarisé répondent de façon spécifique à des besoins non couverts, ces derniers seront contraints de mettre tout en œuvre pour remplir les conditions de souscriptions. Dans un premier temps, il faudra effectuer les démarches simplifiées d'enregistrement auprès des plateformes pour participer à l'opération souhaitée. Ensuite, viendra l'étape cruciale de procéder à une ouverture de compte dans une institution formelle pour recevoir les contreparties attendues, c'est-à-dire le remboursement d'un prêt ou des dividendes. Tout ceci contribue à leur inclusion financière.

Il va sans dire que l'élargissement de l'offre de service à travers les plateformes spécialisées comme celles dans l'énergie, l'immobilier et l'agriculture n'aura de cesse que d'alimenter ce processus.

Toutefois, l'accroissement du nombre de projets financés est aussi le fruit d'accords de collaboration noués avec un ensemble d'institutions déjà existantes. C'est le cas des banques. En matière d'*equity crowdfunding* par exemple, c'est fortement le cas où il est estimé que près 40 % des plateformes opérant dans cette catégorie bénéficient de partenariats établis avec d'autres acteurs du financement, dans le cadre de la promotion de leurs activités. Ceci souligne bien l'importance de la complémentarité de tous les acteurs pour atteindre des objectifs communs, tout en sachant que dans la chaîne de financement des entreprises, le *crowdfunding* se situe au point de départ.

Dans le courant de juillet 2021, l'Afrique du Sud a connu quelques troubles socio-politiques et cela a occasionné le pillage de nombreux commerces. Pour aider à la relance de leurs activités, une plateforme locale, Thundafund, et la banque Standard Chartered ont lancé une initiative conjointe dans laquelle, la banque s'est engagée à soutenir les petites entreprises ayant été touchées par cette crise pour le redémarrage. C'est une illustration des formes de collaboration qui existent entre les plateformes du continent et des institutions financières. Aussi, d'autres collaborations peuvent être envisagées pour servir de tremplin à des prêts bancaires. On pourrait bien s'imaginer le scenario où la banque partenaire tienne compte du succès de la campagne pour proposer un financement complémentaire.

Les plateformes jouent un rôle important dans l'inclusion financière en permettant à des populations non bancarisées d'orienter leur épargne vers le financement d'entreprises formelles et cela grâce l'intégration de solutions de paiement en ligne, auxquels ils sont déjà familiers. Aujourd'hui par exemple, si la plateforme Donate Nigeria « donate-ng » réussit à clôturer ses campagnes de dons en moyenne en l'espace d'un mois, c'est assurément grâce à la contribution de l'ensemble des nigérians, dans leur diversité sociale, qui peuvent utiliser des intégrateurs comme Paystack ou Interswitch pour participer aux dons en ligne.

En exploitant au maximum les avantages du *crowdfunding*, d'importantes retombées sociales et économiques pourront servir à dissuader une frange de la population à fuir le continent.

Chapitre 3

UN POTENTIEL POUR FREINER L'IMMIGRATION CLANDESTINE

À l'aube du mois d'octobre, le climat commence à s'adoucir dans le sud des montagnes de l'atlas. C'est généralement autour de cette période que démarre la saison touristique dans cette zone située au cœur du Sahara.

L'Afrique compte de nombreuses ressources naturelles encore sous exploitées et le Sahara en fait partie. Une richesse à tous les niveaux tant par le charme de son paysage aux attraits surréalistes que par la profondeur de son sous-sol gorgé de ressources minières qui lui donne un caractère exclusif. Avec une superficie d'au moins 9 millions de kilomètres carrés, le Sahara est le plus grand désert de sable au monde. Il couvre un ensemble de 10 pays africains que sont l'Algérie, l'Égypte, la Libye, le Mali, le Maroc, la Mauritanie, le Niger, le Soudan, le Tchad et la Tunisie.

Dans cette configuration, chaque pays valorise au mieux son enclave sablonneuse pour capter un maximum de passionnés du désert pour leur faire vivre des expériences authentiques de détente et d'aventure. Bien que la technologie nous ait ouvert les portes du monde, le voyage demeure un moyen privilégié pour rentrer en contact avec la diversité culturelle et mieux nous faire comprendre le monde qui nous entoure. Quoi qu'il soit dit, vivre une telle expérience hors de ses frontières nécessite tout de même un certain nombre d'aptitudes, ne serait-ce qu'en termes de courage. C'est la raison pour laquelle faire preuve d'ouverture vers l'autre est une condition élémentaire pour voyager car il faut d'abord vaincre la peur de la différence.

Dans ce XXIème siècle, il serait utopique de penser que c'est un exercice facile, au regard des discriminations dont sont toujours victimes certaines minorités. La montée du racisme, de l'homophobie, de la xénophobie et de l'islamophobie dans certaines régions du monde en témoigne bien.

Le tourisme d'une certaine manière vise à modifier et enrichir la perception des uns envers les autres par l'expérience. Par exemple, au Sahara, le tourisme ouvre une fenêtre sur la vie des peuples nomades dont les plus emblématiques sont les touaregs.

C'est à partir des années 1930 que cette activité a commencé à connaitre un essor prépondérant avec l'organisation du premier rallye transsaharien. Depuis lors, et en dépit des crises sécuritaires et sanitaires qui prévalent dans la zone, le Sahara n'a rien perdu de son attractivité. Bien au contraire, il continue d'attirer un flux important de voyageurs pour qui le niveau vigilance rouge n'a que peu d'importance. Il s'agit d'africains eux-mêmes, qui sont de plus en plus nombreux à s'intéresser au désert mais pour des raisons, tout du moins, contraires à celles des autres voyageurs.

Voilà aujourd'hui près d'une vingtaine d'années que le désert est vu par de jeunes ressortissants de pays d'Afrique subsaharienne comme la porte de sortie du continent la plus accessible. Avec l'entrée en vigueur des accords de Schengen dans les années 90, les conditions d'émigration en Europe de façon régulière se sont durcies mais n'ont pas réussi à rendre utopique les aspirations de beaucoup d'africains.

Au fil des années, il y a comme un mythe sur l'Occident qui s'est créé comme étant l'épicentre du bonheur et ceci entraine un grand nombre de jeunes à braver l'impossible pour y parvenir. Une étude des Nations Unies de grande envergure dans ce domaine examine en profondeur le parcours des migrants depuis leurs pays origines jusqu'à leur point de chute final[29]. Les témoignages sont édifiants et éclairent davantage leurs motivations de départ.

Il ne constitue de mystères pour personnes que le chômage de masse et la forte précarité de l'emploi sont à la base du désespoir des jeunes, ce qui poussent certains à l'immigration clandestine. Leur imaginaire sur la vie occidentale se nourrit au quotidien par la représentation pompeuse que renvoie la diaspora en Europe à travers les réseaux sociaux, et ceci n'est pas de nature à freiner leur projet de voyage. La majorité des voyageurs sont des hommes célibataires et ont en moyenne 24 ans.

Toutefois, le rapport *Au-delà des barrières* (2019) indique qu'il convient d'avoir une compréhension plus nuancée sur les relations entre l'emploi et les facteurs de motivations. D'abord, il fait état qu'un fort sentiment d'exclusion sociale serait l'élément déclencheur du départ des migrants de leurs sociétés d'origine. La décision d'émigrer apparait ensuite pour eux comme le seul moyen pour se libérer des contraintes éprouvées localement et des barrières non seulement physiques que symboliques qui les empêchent de se réaliser sur place, en vue d'accéder à de meilleures perspectives de développement.

Sans toutefois cacher toute l'admiration portée à ces pays européens qui occupent globalement le haut du classement d'indices mesurant le développement tels que l'Indice de Développement Humain (IDH), il y a une nécessité de maintenir tous ces jeunes dont le courage et la détermination constituent une preuve irréfutable de leur capacité pour bâtir l'Afrique de demain.

À tort, la couverture médiatique plutôt excessive autour de l'immigration irrégulière tend à faire croire que les flux migratoires des peuples africains sont principalement dirigés vers l'Europe. Pourtant la réalité en est toute autre. Près de 80% des migrations africaines ont lieu sur le continent, à l'intérieur des régions et entre elles.

Aujourd'hui, l'enjeu est d'accroitre la mobilité intra-africaine, d'autant plus que le projet pharaonique d'intégration régionale du continent s'apprête à voir le jour bientôt. Naturellement, le maintien des voyageurs du Sahel et même de ceux qui empruntent les voies légales est un facteur important pour le succès de ce projet.

La fuite des cerveaux est certes moins médiatisée que les voyages en mer mais demeure tout aussi cruelle pour le continent.

Il ne s'agit pas ici de diaboliser la diaspora et les aspirants à la vie à l'occidentale. Mais à partir du moment où certaines forces vives du continent s'obstinent à quitter les lieux au péril de leurs vies, il y a donc un problème auquel il faut remédier.

C'est une attitude autodestructrice vis-à-vis de la société qui permet, également, d'évaluer l'état de vulnérabilité de notre jeunesse face aux pouvoirs modernes de persuasion coercitive, le *brainwashing*.

Au-delà des facteurs de risques qui jalonnent la traversée du désert, l'on ne peut manquer d'être épris de consternation devant l'engouement qui peut animer certains africains à renouer avec un épisode tragique qui a rythmé le cours de notre histoire, pourtant si récente, et qui a occasionné la disparition à jamais de nombreux ancêtres : le système esclavagiste.

La traite des esclaves a considérablement contribué au dépeuplement et au retard du continent à un moment clé de l'histoire où la force des pays dépendait encore de la taille de sa population.

À ces 17 millions de disparus pendant la traite transsaharienne, nous leur devons, avant tout, du respect. Pendant que se multiplient dans le monde des actions de commémorations en hommage aux hommes et femmes qui ont souffert de ce système, le trafic esclavagiste a repris du service en Afrique.

Il faut dire que les migrants tombent dans un véritable piège. Le comble dans cette situation, c'est que l'esclavagisme se poursuit pour les migrants même quand ils réussissent à passer l'étape de la mer. Ils deviennent, dans les faits, des esclaves vis-à-vis de leurs familles dans leurs pays d'origine car chaque mois, ils ont le devoir d'envoyer de l'argent.

Entre 2014 et 2019, ce sont près de 20 000 personnes que la méditerranée a arraché aux familles de migrants. Un chiffre impressionnant qui devait naturellement servir d'électrochoc aux aventuriers du rêve occidental. Mais entretenus dans un *brainwashing*[VI], les candidats à l'immigration clandestine restent persuadés que « chacun a sa chance ».

Devant un tel déterminisme, il ne fait l'ombre d'aucun doute qu'un quelconque décret d'abolition ne permettrait d'endiguer ce phénomène d'immigration clandestine. Autrefois, il était question d'abolir les razzias, les arrestations arbitraires.

Maintenant, la situation est d'une autre nature. C'est sur une base du volontariat que les candidats se bousculent par milliers aux portes des convois de fortune pour emprunter le même chemin qui était fréquenté, il y a quelques siècles, par des dromadaires pour alimenter le commerce transsaharien.

Beaucoup a été fait pour améliorer la vie dans nos pays, mais c'est le moment d'agir différemment pour sauver plus de vies.

[VI] Le brainwashing consiste à exercer une pression psychologique sur un individu de sorte à provoquer certains sentiments comme la colère, le déshonneur, la peur, ou même l'espoir dans le but de lui imposer une opinion ou le faire adhérer à mythe.

Il est temps de faire du rêve africain une réalité qui correspond aux attentes des jeunes.

L'idée selon laquelle n'importe quelle personne vivant en Afrique, peut réussir par son travail, son courage et sa détermination est une représentation du rêve américain, qu'on pourrait se donner les moyens de matérialiser *onshore*. Ne serait-ce qu'en partie.

Dans la perspective d'un avenir meilleur, l'élargissement des champs d'action traditionnellement dévolus aux gouvernements et partenaires internationaux pour impliquer davantage les citoyens pourrait donner du sens à ce rêve, et permettrait ainsi une plus grande convergence des actions en faveur de la lutte contre l'immigration irrégulière. C'est là que le financement participatif prend tout son sens.

Dans *L'Afrique d'Abord*, Gervais Koffi Djondo, l'un des plus illustres modèles de réussite africaine et grand artisan du panafricanisme, livre ses mémoires et confesse le rêve qui l'animait tout jeune dans les années 1950 : « celui d'avoir un salaire à soi ou des revenus indépendants, pouvoir, de sa propre poche et avec ses propres moyens, acquérir une maison, entretenir une famille, se construire un avenir, donner à ses enfants et aux autres membres de sa famille les moyens de s'instruire et de se construire à leur tour une existence indépendante et digne »[30].

On se rend bien compte que près de 70 années plus tard, ce rêve a traversé le temps et reste toujours partagé par tous. Seulement, la confiance des jeunes dans la réalisation de leurs ambitions au sein de leurs environnements s'est détériorée depuis et ceci impose aux décideurs africains d'explorer de nouvelles perspectives pouvant leur redonner espoir.

Selon la Banque Africaine de Développement (2019), l'Afrique devrait produire au moins 12 millions d'emplois par an pour faire face à la situation de démographie galopante.

Ceci correspond au prix à payer pour vivre le rêve africain !

Le financement participatif apparait dans ce contexte comme un « quick win », c'est-à-dire une action qui est plutôt facile à mettre en place pour atteindre de bons résultats sans nécessité de déployer de grands moyens. Cet outil a un énorme potentiel pour freiner l'immigration clandestine.

En 2020, le Programme des Nations Unies pour le Développement (PNUD) a développé au Ghana une initiative de soutien à l'entrepreneuriat en vue de contribuer à la lutte contre les causes profondes de la migration irrégulière d'une façon alternative, en s'appuyant sur des plateformes de financement participatif.

C'est une grande première sur le continent qui part de la reconnaissance que seuls, les moyens technique et financier ne suffisent pas dans l'approche pour retenir les jeunes sur le continent. Il y a une nécessité d'associer leur entourage notamment leurs familles et amis dans cette aventure entrepreneuriale car dans 53% des cas d'immigrations irrégulières, ce sont eux qui contribuent au coût du voyage.

Un voyage clandestin à destination de l'Europe est perçu, avant tout, comme un investissement qui doit à terme générer des revenus.

À travers l'initiative « Verte » du PNUD au Ghana, il est offert une autre possibilité aux sponsors des voyageurs d'accroitre leurs revenus, via un mécanisme de *crowdfunding*, qui leur permet ainsi qu'à d'autres investisseurs de prêter de l'argent aux entrepreneurs sélectionnés et ensuite profiter des revenus générés par eux. Les zones ciblées d'exécution de projets sont exclusivement les régions de départ et de transit d'immigration où il est d'ailleurs prévu jusqu'à l'horizon 2024, la création de plus de 5 000 emplois dont 30 % d'emplois strictement verts. On qualifie d'emplois verts, des emplois contribuant à la préservation et à la restauration de l'environnement.

Le Ghana a été identifié comme pays pilote de l'initiative « Verte » notamment en raison de sa position de deuxième plus grand bénéficiaire des envois de fonds de la diaspora en Afrique subsaharienne. L'idée serait également de promouvoir un format d'assistance de leurs proches, en redirigeant leur argent vers des investissements productifs au niveau local.

Parmi les politiques actuellement mises en œuvre pour réduire la pauvreté, l'éducation apparait comme un chantier prioritaire.

D'un point de vue global, la plupart des pays africains multiplient les efforts pour améliorer l'accès à l'enseignement pour tous notamment en y introduisant certaines innovations pour accroitre la capacité de prise en charge d'élèves. Par exemple, la Côte d'Ivoire s'est engagée depuis 2015 dans une politique de massification de l'éducation, avec l'implémentation de collèges de proximité pour faciliter l'accès à l'enseignement secondaire à un plus grand nombre d'enfants du pays.

Un collège de proximité, à la différence d'un collège classique, est un type d'établissement scolaire de taille plus petite, construit en zones rurales et qui demande une administration plus allégée. La construction est aussi entre deux à trois fois moins chère.

Toutefois, les résultats de ces actions ne seront pas visibles immédiatement compte tenu de l'ampleur des besoins à couvrir, et ceci pourrait réduire à néant les espoirs d'une nouvelle génération en quête de connaissances.

Chercher à relever le niveau de l'éducation dans un pays par l'alphabétisation de tout un chacun est crucial. Mais, il apparait tout aussi nécessaire d'œuvrer à aviver l'esprit de discernement. La preuve en est que sur un échantillon total de 3 069 personnes interrogées dans le cadre de l'étude du PNUD, 43 % des migrants ont achevé le cycle secondaire, mais ne sont pas en mesure de prendre des décisions rationnelles.

C'est pourquoi, il apparait opportun d'accompagner la transformation structurelle engagée par les Etats en puisant dans les plus récentes technologies pour accélérer l'inclusion scolaire.

L'expérience de l'Afrique du Sud dans ce domaine est une autre illustration du potentiel du financement participatif pour soutenir le développement de l'éducation en Afrique.

L'enseignement supérieur en Afrique du Sud est reconnu internationalement et constitue un facteur attractif pour cette nation. Mais ce succès laisse un goût amer aux étudiants du pays en raison des difficultés qu'ils éprouvent dans le financement de leurs études.

Au fil des années, cette situation ne s'est pas améliorée malgré l'existence de dispositions nationales pour faciliter des prêts et des bourses d'études. Aujourd'hui, la dette totale des universités du pays qui s'est accumulée depuis 2010 s'élève à plus de 600 millions de dollars et affecte près de 100 000 étudiants.

Pour faire face à cette crise, le financement participatif a été adopté comme solution complémentaire. Que ce soit de façon spontanée ou sous recommandation institutionnelle, les étudiants ont massivement recours aux plateformes de *crowdfunding* en dons pour bénéficier d'un soutien collectif et réaliser leurs rêves.

Par exemple, peu après le déclenchement de la pandémie de la COVID-19, l'Université de Stellenbosch a fait preuve d'innovation en s'associant à Feenix une plateforme locale de dons, pour promouvoir l'initiative *#Action4Inclusion* (un geste pour l'inclusion).

Les fonds collectés sont ensuite utilisés pour soutenir des étudiants qui sont dans l'impossibilité de se réinscrire pour une nouvelle année universitaire en raison de frais impayés, ainsi que d'autres qui ont réussi leurs examens de fin de cycles mais qui ne peuvent pas obtenir leurs diplômes, entravant ainsi leur capacité à débuter leurs carrières professionnelles.

Depuis son lancement en 2017, la plateforme Feenix a permis à 2 325 étudiants de lever plus de 5 millions de dollars pour leurs études[31]. C'est un impact important qui s'ajoute à celui des nombreuses plateformes spécialisées que compte l'Afrique du Sud et permet de traduire, de façon globale, leur plus-value pour relever des défis de portée nationale.

Voici comment ceux et celles qui vivent dans des situations d'exclusion sociale peuvent en sortir, plutôt que d'aller côtoyer la mort en mer et finalement, réduire à tout jamais leur possibilité de réaliser leurs rêves. Le développement du *crowdfunding* en Afrique est comme un vent d'espoir qui souffle pour la jeunesse africaine.

Cependant, pour concrétiser cette ambition, des réflexions doivent être menées pour savoir si l'époque dans laquelle nous vivons est favorable à l'accueil de cette nouvelle pratique. Ensuite, si tel est le cas, il faudrait considérer des axes de développement pouvant permettre d'accélérer le processus d'adoption.

Partie III

PISTES DE REFLEXION POUR L'ACCELERATION DU DEVELOPPEMENT DE LA FINANCE PARTICIPATIVE

Chapitre 1

LA PORTEE DU TEMPS

« Chaque chose en son temps ». On emploie cette expression au quotidien, sans pour autant en mesurer sa profondeur. Lorsqu'on souhaite mener une action visant à faire bouger les lignes, il est fondamental de tenir compte de l'ensemble des facteurs qui influent sur l'environnement ciblé. C'est l'analyse de celui-ci qui détermine la portée du temps, et qui va ensuite s'avérer plus ou moins favorable au changement.

À présent, la question est de savoir si le temps est favorable à l'accélération du développement du financement participatif comme soutien à la valorisation de la culture africaine.

Aujourd'hui, sur la scène internationale, l'Afrique est de plus en plus influente avec sa culture : sa musique, ses films, ses œuvres d'art, etc. Rien qu'avec la musique, la présence croissante d'artistes du continent au Festival de Coachella peut servir de baromètre de sa popularité. C'est l'un des plus grands rendez-vous musicaux au monde. C'est un évènement qui a lieu chaque année aux Etats-Unis et qui ne draine pas moins de 250 000 personnes.

Mais pour arriver à susciter un tel niveau d'influence, la culture africaine a dû surmonter beaucoup d'épreuves.

Ce fut un temps où le sujet de convoitise n'était pas la créativité africaine mais plutôt les individus eux-mêmes. Alors qu'on peut s'imaginer que la découverte d'un peuple étranger présentant des différences aussi bien physiques, de langues que de coutumes pourrait être une source d'enrichissement, de connaissances pour d'autres, il ne fait l'ombre d'aucun doute que les populations africaines ont été victimes de préjugés culturels de la part des occidentaux, pourtant nouveaux partenaires d'échanges. Ainsi, dès la fin du 19ème siècle jusqu'au début des années 30, sous prétexte de promouvoir la différence, sont organisés des « zoos humains » en Europe et aux États-Unis comme forme de divertissement mettant en scène des populations venues de force du continent.

Dans un ouvrage intitulé *Croisade de l'Europe christianisée contre l'Afrique ancestrale*, le théologien et philosophe Evariste Pini-Pini déconstruit un quelconque rapprochement entre la curiosité et les exhibitions des africains, supposément censé promouvoir la diversité des cultures. Cet ancien vicaire congolais et curé de paroisses, qui depuis près d'une décennie s'est consacré entièrement à des travaux d'écriture engagée portant sur la responsabilité du christianisme dans la colonisation africaine, fait le récit d'une expérience pour le moins inhabituelle qu'il a vécue au cours de son enfance. Il s'agit de la naissance d'une fillette albinos. C'était un phénomène certes méconnu à l'époque dans son village mais qui n'a pas occasionné des curiosités malsaines de la part des habitants de sa province. La fille en question a grandi en bonne harmonie avec ses pairs sans que quiconque ne pense jamais à l'enfermer dans un enclos pour l'exhiber aux regards des autres ou encore moins chercher à générer du profit sur sa différence. L'auteur dénonce ici un acte odieux dont le but était de légitimer le mépris envers les africains par la banalisation des cages humaines.

Aussi dure qu'elle soit, cette page sombre de l'histoire a été tournée et l'idée de l'entrouvrir est seulement une façon d'apprécier davantage l'évolution de la culture africaine dans son rayonnement international, passant d'un statut de rejeté à celui d'adulé en moins d'un siècle.

À cela s'ajoute, le caractère décisif de la portée du temps.

Les mouvements anticolonialistes conduits par les pères fondateurs tels que Félix Houphouët-Boigny, Kwame Nkrumah, Ruben Um Nyobé ont réussi à changer la destinée de leurs pays en profitant de l'affaiblissement des empires coloniaux à la suite de la deuxième guerre mondiale pour affirmer leurs souverainetés nationales. À ce moment précis, le temps était favorable à un changement et ceci a abouti à l'accession aux indépendances en série de plus de la moitié des pays africains au cours des années 60.

Dans la continuité, une multitude d'opportunités se sont offertes à l'Afrique pour accélérer son évolution, déjouant ainsi des pronostics peu optimistes.

Aujourd'hui, le développement du financement participatif en Afrique est bien plus qu'une simple question de modernisation de moyens de financement de nos économies. En réalité, l'Afrique est à un carrefour majeur de son histoire où il lui est offert une opportunité de conforter son indépendance par l'amélioration de la mobilisation de ressources internes. C'est donc le moment idéal pour exploiter cette approche d'autant plus qu'une série de facteurs politiques et technologiques y est favorable.

-Crise au sein des pays donateurs-

Alors que les pays industrialisés peinaient à retrouver leur rythme d'avant la crise de financière de 2008, la pandémie de la COVID-19 déclenchée en 2020 est venu venue ruiner tous les efforts déployés et les perspectives d'un retour imminent à l'équilibre. En effet, depuis plus d'une décennie, le Japon, la France, les États-Unis et bien d'autres économies avancées, enregistrent de faibles taux de croissance économique qui stagnent autour de 3%.

Lawrence H. Summers, ancien secrétaire au Trésor américain et à présent professeur à l'université d'Harvard, assure que la cause du problème se trouve ailleurs. Ces pays vivent une situation exceptionnelle dans laquelle, l'investissement privé est dans l'incapacité d'absorber intégralement l'épargne privée[32]. C'est un problème structurel et il est question d'une stagnation séculaire de leurs économies.

D'un côté, il y a une contraction de la demande d'investissement qui s'explique à la fois par la baisse du niveau d'épargne nécessaire pour l'acquisition des biens d'équipement due au progrès technique, et également à la transition d'un modèle d'économie de services à celui de partage, qui place l'usage collectif au centre de la vie en société en remplacement à la recherche d'accumulation de biens matériels.

De l'autre côté, il y a une hausse de l'épargne, non seulement en raison d'incertitudes liées aux perspectives futures mais aussi il se développe de nouvelles tendances de consommation qui favorise l'économie de ses revenus. Aujourd'hui, par exemple dans ces régions-là, les nouvelles générations cherchent à vivre dans des appartements peu meublés plutôt que dans de grandes maisons.

Toujours en se basant sur ce courant de pensée, il peut être observé d'autres conséquences de la crise sur le niveau des contributions à l'aide internationale, dont ces pays en sont majoritairement donateurs. Bien que le montant total d'aide publique au développement soit en constante évolution positive depuis les années 60, il n'en demeure pas moins que depuis la fin des années 90, un fossé se creuse entre l'aide promise et l'aide apportée. Par exemple en 2019, la moyenne de contribution de tous les pays riches donateurs se limitait à 0,3 % de leurs PIB face à un objectif de 0,7%[33].

Sur le plan social, l'atmosphère est tendue. Il faut dire que depuis quelques temps, on assiste à des scènes inhabituelles marquées par des vagues de protestation sans précédent au sein des populations des pays occidentaux militant pour un meilleur bien-être. Par exemple en France, le mouvement « les gilets jaunes » s'attaque essentiellement à la cherté de la vie, tandis qu'en Espagne, le mouvement indépendantiste lutte pour l'indépendance de la Catalogne, pendant qu'aux États Unis le mouvement activiste *Sunrise* s'insurge contre le pouvoir pour une meilleure prise en charge des résolutions contre le phénomène du réchauffement climatique[VII].

En prenant la mesure du spectre de la stagnation séculaire, on se rend bien compte qu'il ne s'agit pas de requêtes passagères. Ce sont des indicateurs d'un mal profond dont même la baisse des taux d'intérêt ne parvient pas durablement à relancer la croissance.

Toutes ces évolutions conduisent les autorités publiques de ces pays à revoir leurs priorités et à se recentrer sur eux-mêmes. Ainsi, on constate la poussée de formes de protectionnisme aux États Unis et en Angleterre entérinée par le Brexit en 2020, mais aussi le durcissement de la politique migratoire dans ces régions. L'ensemble de ces mesures mises en place vise principalement à booster la production locale et à afficher une fermeté dans la protection d'intérêts nationaux.

D'un point de vue africain, il y a lieu de tirer quelques leçons. D'abord, cette situation vécue par les économies avancées nous ramène à la fragilité de nos acquis. Au-delà des projections de croissance économique à deux chiffres, tout peut changer et à tout moment. L'aide au développement peut aussi s'arrêter de couler un jour. Alors que certains craignent que la baisse des dépenses publiques internationales n'impacte l'évolution des projets sur le continent africain, cette situation indique plutôt que la période actuelle est favorable à la promotion d'alternatives de financement tel que le financement participatif pour générer des ressources jusqu'à présent non comptabilisées.

[VII] A travers le *Green New Deal.*

- L'affermissement d'une volonté d'intégration africaine -

La vision de la politique commune des pays africains est un point essentiel à toute forme de panafricanisme. Il est primordial que les innovations qui ont lieu sur le terrain soient en phase avec les dispositions prises par l'exécutif pour favoriser le développement et cela même si elles semblent d'emblée avoir l'assentiment de la société civile.

Au nombre des défis que comptent les *start-ups* en Afrique, les inégalités territoriales sont à tort bien souvent minimisées. Pourtant, elles entrainent un préjudice important. L'histoire atteste que les frontières actuelles de l'Afrique datent de la conférence de Berlin qui fut organisée vers la fin du XIXème siècle par les puissances coloniales pour se répartir le continent. Il n'a jamais été caché qu'à sa suite, la délimitation des États s'est faite d'une façon légère sans tenir compte des spécificités locales et ont suivi des logiques purement d'ordre économique et géostratégique.

Le problème de cet héritage, c'est qu'aujourd'hui les marchés sont trop petits particulièrement pour ces entreprises à forts potentiels d'impact qui ne se positionnent que sur des niches. Dans certains cas, la cible potentielle ne se limite qu'à la capitale du pays d'origine de l'entreprise en question. La plupart des marchés africains ne sont pas assez grands pour soutenir leur croissance et l'expansion géographique s'impose comme un moyen de survie dès le début, alors que son coût est totalement hors de portée pour ces acteurs.

Dans d'autres régions du monde tels que les États-Unis, l'Inde, la Chine ou l'Union européenne, la réalité n'est pas la même. Des jeunes pousses parviennent plus aisément au succès rien qu'en se positionnant sur leurs marchés intérieurs car ils sont suffisamment vastes. L'extension d'activités au-delà des frontières nationales ou supranationales représente alors une préoccupation secondaire.

Pendant les premières années des indépendances africaines, la question d'un réaménagement des frontières s'est très vite posée. Toutefois, il faut dire que l'expérience de gestion d'États indépendants a fait émerger de nouvelles considérations pour les décideurs politiques. La perte de souveraineté au nom d'une identité africaine, la convergence des intérêts économiques, la création d'une monnaie commune, l'harmonisation de règles communes se sont érigées en obstacles à la perspective d'une réunification des différentes contrées du continent.

Cette disproportion des économies a des conséquences aussi en termes de financement pour les entreprises. Ceci influence le choix porté par exemple, par les investisseurs notamment les *ventures capitalists* pour les *start-ups* opérant dans un vaste marché intérieur. Une enquête récente indique qu'il est quasiment deux fois plus facile de lever des fonds en Afrique du Sud et au Nigeria pour des *start-ups* évoluant sur le même segment que d'autres opérant au Ghana et au Rwanda[34].

De plus, la difficulté de circulation des marchandises et même celle des personnes au sein du continent a mis en évidence la nécessité de changer de modèle de coopération des pays pour donner une chance à leurs entreprises nationales de servir des marchés plus grands.

C'est la raison pour laquelle, l'intégration continentale est considérée comme la clé pour élargir le marché des *start-ups* et depuis 2021, c'est chose faite !

L'Afrique a franchi un grand cap en termes d'intégration avec le démarrage de la zone de libre-échange, la ZLECAf. Plusieurs accords de libre-échange, d'unions douanières et monétaires avaient déja été passés. Depuis les années 60, plus 200 initiatives intergouvernementales de coopération économique multisectorielle ont vu le jour en vue de fluidifier les échanges. Mais c'est la première fois qu'on va aussi loin.

L'idée est de créer un bloc commercial plus grand que les différentes communautés économiques régionales comme par exemple celle de la CEDEAO à laquelle appartiennent 15 pays d'Afrique de l'Ouest, pour l'étendre à une échelle continentale.

Maintenant, le gros du travail sera de l'opérationnaliser. La mise en œuvre de la zone pourrait s'étaler jusqu'en 2035 avant de ressentir les grands changements. En attendant, il est estimé que les droits de douane sur 90 % des marchandises seront progressivement supprimés dans un délai de 10 ans, et davantage pour les 10 % restants.

Parallèlement à l'initiative en cours, l'Agenda 2063 de l'Union Africaine vise aussi à supprimer les restrictions à la capacité des africains à voyager, travailler et vivre partout où ils le souhaitent sur le continent.

Dans cette ambiance de réorganisation, nul ne peut manquer de constater la bonne adéquation entre la vision panafricaine des autorités politiques et celle de l'expansion des *start-ups* hors de leurs zones nationales.

Le moment est d'autant plus opportun pour les *start-ups* dans la mesure où la ZLECAf prévoit un dispositif de soutien en termes d'accès au financement et au renforcement des capacités pour les *start-ups* technologiques africaines proposant des solutions innovantes aux problèmes rencontrés par les dirigeants africains, principalement dans 8 domaines critiques, à savoir : l'éducation, la santé, l'agriculture, les infrastructures, la bonne gouvernance, l'industrie et l'environnement.

Cependant, devant l'ampleur des besoins en financement, il est évident que les milliers de jeunes entreprises ne sauraient se satisfaire de l'appui des autorités publiques. La perspective d'un marché commun africain de 1,3 milliard d'individus avec un PIB combiné de 2 600 milliards de dollars suffit à comprendre qu'il faut maximiser ses opportunités de financement. C'est dans ce sens que le financement participatif va jouer un rôle dans leur accompagnement dans la ZLECAf et contribuer *in fine* à la hausse des échanges intra-africains.

- Des acquis surprenants grâce au numérique -

Le 1er février 2008, la vie d'un jeune camerounais de 17 ans va totalement basculer lorsqu'il prend conscience que la réalisation de ses rêves est étroitement liée à la capacité financière de sa famille à l'accompagner dans ses projets.

À cette époque, les 10 proches dont il espérait le concours financier pour s'acheter des chaussures lui ont fait défaut.

Cette situation renvoie à la réalité d'un grand nombre d'africains dont les familles sont très modestes et les perspectives de développement sont assez limitées pour la même raison. Mais aujourd'hui, le financement participatif offre une alternative supplémentaire pour répondre à ce défi.

Ce jeune garçon devenu adulte affronte la vie avec beaucoup plus de sérénité en sachant s'appuyer sur les plateformes de *crowdfunding* pour donner vie à ses projets. En 2019, Fabrice Fernand Fangwa a développé Hannibal Incubator une plateforme de e-learning grâce à un financement de 53 millions de francs CFA obtenu auprès des deux plateformes locales. La première levée s'est réalisée la même année sur la plateforme Guanxi-Invest pour un montant total de 8 millions de francs CFA avec 47 investisseurs. Ensuite la seconde opération a été conduite deux ans plus tard, via la plateforme Académie des Investisseurs Panafricains[VIII] pour un montant de 45 millions de francs CFA avec 15 investisseurs.

La crise sanitaire provoquée par la COVID-19 a non seulement stimulé les activités de Hannibal incubator par la production de cours vidéo à l'intention d'élèves en classe d'examen (3ème et terminale), mais elle a aussi permis de montrer une fois de plus l'importance du numérique dans la résolution des défis liés à l'éducation en Afrique.

[VIII] Plateforme en cessation d'activité depuis le 31 décembre 2021.

Des réussites comme celle-ci se comptent par milliers sur le continent. C'est d'ailleurs leur impact important dans la société qui a conduit Samir Abdelkrim, tout débordant de curiosité et d'énergie, à sillonner pendant trois ans les pays africains pour connaitre l'histoire derrière chaque innovation.

Dans son ouvrage *Startup Lions : Au cœur de l'African Tech*, l'auteur raconte son voyage dans plus de 20 pays africains et souligne la puissance du *leapfrog* : « les africains s'emparent du portable sans jamais avoir possédé de téléphone fixe ou d'ordinateur. Un tel enjambement technologique s'appelle un *leapfrog*, littéralement un saut de grenouille en anglais »[35].

Sans jamais avoir de comptes bancaires et /ou d'investissement formels, les africains utilisent les plateformes de *crowdfunding* pour recourir à des services financiers. C'est aussi un cas de *leapfrog* technologique !

Avec des conditions aussi favorables de développement, les plateformes de financement participatif nécessitent de rassurer encore plus les participants pour mériter leur confiance.

Chapitre 2

UN PACTE DE CONFIANCE POUR TOUS

À ce stade de la lecture, l'existence du lien entre le développement de la finance participative et celui des résolutions de problèmes socio-économiques ne devrait plus susciter d'interrogations. Les outils de financements participatifs sont d'excellents moyens pour orienter l'épargne vers le financement de projets innovants qui débouchent ensuite sur la création d'emplois.

Cependant, bien que les facteurs politiques et technologiques soient favorables à son développement, le financement participatif doit être mieux encadré pour gagner la confiance de tous les participants : régulateurs, investisseurs, contributeurs, donateurs, banques, structures de labélisation, etc.

C'est pourquoi, il est important de considérer l'implémentation de certaines mesures pour créer des conditions de marché favorable.

Recommandation n° 1 – Encourager les initiatives de cofinancements

Bien que par nature, les plateformes de financement participatif s'adressent au grand public, il est observé néanmoins que ces dernières attirent de plus en plus l'intérêt de professionnels de l'investissement, les investisseurs institutionnels. Rien qu'entre 2019 et 2020, le taux de financement institutionnel a augmenté en Afrique et est passé de 21 % à 31% des volumes levés.

Les investisseurs institutionnels sont de grands investisseurs que comprennent les fonds de pension, les fonds communs de placement, les sociétés de gestion d'actifs, les grands groupes familiaux, les banques, etc.

Lorsque des institutionnels interviennent dans une campagne de financement participatif aux cotés de particuliers, on parle de cofinancement. Ce genre d'initiatives contribue à accroitre le niveau de levées de fonds observé par pays.

Pour promouvoir le cofinancement, il est important de créer des bonnes conditions d'échanges entre les plateformes de financement participatif et les institutionnels pour développer des mécanismes de coopération y compris la formation de partenariats comme celui établi entre Thundafund, et la Standard Chartered en Afrique du Sud, en réponse aux émeutes de juillet 2021 dans ce pays.

Il y a aussi les pouvoirs publics qui ont des intérêts à orienter le développement des *start-up* vers des projets en phase avec les priorités nationales. Ne serait-ce qu'en termes d'emplois, il est estimé que le dynamisme des plateformes de commerce en ligne permettrait de créer au moins 3 millions d'emplois d'ici 2025, d'après le cabinet BCG[36].

Les plateformes de financement participatif pourraient en faire de même à condition que soient mis en place des mécanismes d'appui.

Pour accroitre leur impact, il y a lieu d'encourager la création de fonds de soutien spécialisés dans des prises de participation et l'octroi de prêts ou de dons en faveur de sociétés qui ont recours au *crowdfunding* pour leurs développements. En vue de garantir une certaine équité dans la sélection des campagnes, cette approche doit nécessairement établir des critères objectifs et transparents pour recevoir l'accompagnement public et/ou privé.

Recommandation n° 2 – Accélérer la régulation des plateformes de financement participatif

Depuis près de 10 ans que les activités de financement se développent en Afrique, de nombreuses plateformes ont vu le jour puis ont subitement disparu après quelques mois d'exercice. Selon la Fondation GreenTec Capital Africa, parmi les *start-ups* qui ont connu le plus grand nombre de fermetures entre 2010 et 2018, ce sont celles qui proposent des services qui sont les plus concernées, représentant ainsi 84,13 % de l'ensemble des fermetures[37].

La fermeture abrupte d'une plateforme soulève beaucoup d'inquiétudes pour les internautes quant au sort des fonds récoltés pour des projets en cours de campagne mais aussi vis-à-vis du suivi des projets financés, quand celle-ci en a la charge.

Au Cameroun, l'entreprise Mon Linge a bénéficié en 2021 de l'appui de la plateforme Académie des Investisseurs Panafricains pour la réalisation d'un projet de laverie automatique dans la ville de Douala avec 10 millions de francs CFA, levés auprès de 11 investisseurs privés. Mais peu après son lancement, la plateforme est contrainte d'arrêter ses activités faisant suite à une interpellation du régulateur contre ses pratiques d'organiser des levées de fonds, en violation des règles relatives à l'appel public à l'épargne (<50 millions de Francs CFA)[38].

Le régulateur est dans son rôle de protection des épargnants et cette situation montre une fois de plus, le haut niveau de risque associé à l'investissement sur des plateformes non autorisées.

Dans cette affaire précisément, la fermeture de la plateforme n'a pas eu d'incidence sur Mon Linge et l'ensemble de ses souscripteurs car, il n'avait pas d'engagement post-investissement de la part de l'intermédiaire.

Pour garantir le développement des plateformes dans de bonnes conditions, il faut que celles-ci disposent d'un plan de continuité qui définisse clairement les dispositions à suivre en cas d'interruption de ses services pour le bon déroulement des opérations dont elles en ont la charge.

La clé à cette problématique se trouve dans l'encadrement règlementaire. Par exemple, les progrès réalisés par le Nigéria et l'Ile Maurice dans l'adoption de lois spécifiques sur le financement participatif peuvent servir d'évidence. Les plateformes autorisées ont toutes établies un plan de continuité comme l'exigent les textes.

Dans la grande majorité des pays d'Afrique, les réformes se font toujours attendre et leur absence continue de constituer un environnement propice au développement de malversations. Le cas de la Chine en est l'illustration parfaite.

Dès 2011, les activités de finance participative commencent à se développer de manière exponentielle dans le pays mais l'absence de régulations va entraîner des préjudices importants en fraudes, collectes de fonds illégales et de blanchiment d'argent. Cette situation contraint à partir de 2015 le gouvernement chinois a adopté une série de mesures pour réglementer les différents modèles de financement participatif et assainir le secteur. Après coup, le nombre de plateformes est passé de plus de 6 000 à seulement 29 en 2018, et le volume des levées de fonds est passé de 358 milliards $ en 2017 à 1,2 milliards $ en 2020, soit au même niveau que l'Afrique.

Ce n'est pas tout. L'absence de réformes favorise également le recours aux plateformes étrangères.

Ne pas disposer de plateformes autorisées dans un pays ne dissuade pas les individus à s'éloigner de ces solutions de financement. Ils iront tout simplement rechercher ce service ailleurs. Contrairement à d'autres régions où les activités de financement sont assurées par des acteurs locaux, plateformes et investisseurs, le financement participatif en Afrique est largement dominé par l'extérieur.

Le fait que les plateformes étrangères bénéficient pour la plupart déjà d'un encadrement juridique dans leurs propres juridictions est assurément un atout qui attire plus la confiance du public.

Selon les statistiques, la proportion de volumes provenant de plateformes basées hors du continent n'a cessé d'augmenter au cours des quatre dernières années, atteignant un record de 97 % de l'ensemble des fonds levés pour l'Afrique en 2020.

Toutefois, ces données ne permettent pas d'indiquer le niveau réel de participation des africains vivant sur le continent car ces derniers interviennent aussi sur des plateformes étrangères pour des projets les concernant. Les chiffres tendent à faire croire que c'est la diaspora qui est entièrement responsable de ces financements. Mais, ce n'est pas le cas.

Pour renforcer la protection des épargnants et favoriser le renversement de la tendance de recours à des plateformes étrangères pour le financement de projets en Afrique, il y a lieu d'encourager l'accélération des réformes sur l'ensemble du continent.

Recommandation n° 3 – Créer des communautés financières plus grandes

L'un des aspects les plus importants que considère un porteur de projet dans la sélection d'une plateforme de financement participatif, c'est le nombre des membres que compte celle-ci. La raison derrière cette motivation tient au fait que le promoteur espère profiter de la générosité d'une partie de cette communauté en vue de maximiser les chances de réussite de sa campagne. Plus la communauté est grande, plus le potentiel de soutien de cette base est élevé.

Mais les plateformes ne facilitent pas seulement la mise en relation de donateurs, contributeurs et investisseurs auprès de porteurs de projets, elles favorisent également le rapprochement d'individus qui ont en commun un penchant pour l'investissement d'impact.

L'interaction entre membres d'une même communauté est considérée par les plateformes comme un moyen pour accroitre leur engagement. Au Kenya, M-Changa est une plateforme spécialisée dans la collecte de dons qui a fait de ce fondement un élément important de sa stratégie de développement.

Cette plateforme a vu le jour en 2012 dans le but de rendre la collecte de fonds plus pratique, plus efficace et plus sécurisée d'un type de tontine local, le « *Harambee* ». Avec plus de 1,1 million de membres, M-Changa est aujourd'hui la plus grande plateforme de financement participatif en Afrique sub-saharienne.

Une des caractéristiques qui la distingue des autres, c'est l'opportunité qui est donnée à des porteurs de projets de créer ou de rejoindre des communautés pour accroitre leur visibilité et bénéficier des avantages d'un concept mis en place, le pot communautaire.

Le pot communautaire est un mécanisme qui permet aux donateurs de soutenir une communauté de son choix, dans son ensemble, en redistribuant les fonds à différents porteurs de projets de la même communauté en fonction des règles communautaires établies. Par exemple, une collecte de fonds communautaire peut décider de redistribuer les fonds excédentaires obtenus sur un projet qui a atteint ses objectifs à une autre collecte de fonds qui a du mal à atteindre ses objectifs.

Ainsi, en vue d'exploiter le levier communautaire au maximum, il y a lieu d'encourager le regroupement de contributeurs au-delà de leurs diverses plateformes d'appartenance pour se fondre dans une communauté financière plus grande pour renforcer leur impact.

Ce rapprochement peut s'organiser de deux manières, à savoir : sous l'angle d'investissement ou d'échange.

La première approche consisterait à réunir un nombre restreint de participants (5 à 20 personnes maximum) au sein d'un club d'investissement dans le but de gérer en commun un portefeuille collectif, tout en sachant que la diversification des investissements permet de réduire les risques. Ainsi, sous cette forme, une seule souscription à un ticket d'investissement pourrait permettre aux membres de participer à plusieurs campagnes à la fois, que ce soit en *crowdequity* et /ou *crowdlending.*

La seconde approche serait plutôt de favoriser l'échange d'informations et le partage d'expériences au sein d'un groupe qui n'a pas de parti pris pour les autres parties prenantes des levées de fonds en *crowdfunding*. Il se trouve que dans un groupe, certaines personnes auront une expertise plus aguerrie que d'autres ou un accès à des informations complémentaires à celles déjà fournies pour le porteur de projet qu'ils pourront partagés avec les autres. Chaque investisseur est ensuite libre de décider d'investir ou non dans les campagnes qui lui seront présentées.

De plus, les membres peuvent mener d'autres actions collectives dans l'intérêt du groupe, tels qu'exercer une pression sur les pouvoirs publics ou même directement sur les plateformes pour renforcer la protection des épargnants, développer un forum communautaire de signalement d'arnaques pour lutter contre les cas escroqueries, sensibiliser le grand public à plus d'engagement citoyen, etc.

Recommandation n° 4 - Développer des labels de qualité

Le financement participatif a besoin de plus de *success stories* pour gagner la confiance d'un plus grand nombre de personnes et la question de qualité des projets qui y sont présentés est centrale.

La publication d'un projet sur une plateforme n'est pas en soi un gage de succès du projet. Certes, avant d'exposer un projet à ses membres, la plateforme s'assure de la qualité de l'information, mais c'est à chacun de décider de soutenir ou non le projet en question.

L'échec d'une campagne est souvent lié à la réticence du public à s'engager dans des domaines qu'il maîtrise peu. Sur le marché des jeux vidéo par exemple, il peut apparaitre difficile pour des internautes sans qualification dans ce domaine d'évaluer la qualité des projets, pourtant c'est un secteur d'avenir qui demande le soutien de tous.

Aujourd'hui, de plus en plus de studios étrangers se plaisent à explorer des thématiques africaines pour enrichir leur catalogue. Dans *Civilization VI: Gathering* Storm, 2K et Firaxis, deux développeurs américains de renoms, se sont inspirés de l'histoire de Mansa Moussa pour imaginer l'intégration de l'empire du Mali dans ce jeu légendaire en 2019.

Après avoir démontré le potentiel économique de la valorisation de leur patrimoine culturel, les studios de développement africains se ruent sur les plateformes de financement participatif pour se donner des chances d'exister.

Cependant, africaniser l'offre de contenu ne fait pas tout. L'idée n'est pas seulement, par exemple, d'avoir la capacité de créer un monde médiéval en mettant en scènes des rois et des reines de couleur noire qui parlent swahili pour garantir le succès d'un jeu. Mais, faudrait-il encore qu'un certain niveau de qualité, respectant les standards de l'industrie, soit atteint pour être compétitif. Ainsi, il apparait capital pour ces acteurs de miser sur la qualité pour pleinement tirer parti de la hausse d'un marché qui croît en moyenne à 9% par an.

Dans les perspectives de stimuler l'investissement en faveur de l'industrie vidéoludique et de façon globale à d'autres secteurs de niche, il serait important que se développe des labels pour aider les internautes dans l'évaluation de la qualité des projets qui leur sont exposés. Les labels ont pour caractéristique essentielle d'attirer l'attention du public comme un critère de fiabilité et de confiance.

Recommandation n° 5 – Faciliter le renforcement des capacités des porteurs de projets

Face à la précarité de l'emploi et au chômage de masse qui touche les populations africaines, ce ne sont pas les idées qui manquent pour tourner le dos à la pauvreté. Mais encore faudrait-il être bien formé pour savoir attirer vers soi des partenaires.

L'absence de vision est une des raisons observées dans les difficultés rencontrées par les PME pour trouver du financement.

Bien que le financement participatif demande à remplir moins de conditions que d'autres modes de financements externes, les projets qui réussissent à passer l'étape de la publication sur les plateformes en *equity crowdfunding* particulièrement, doivent contenir quelques projections de croissance à moyen/long terme, sur un horizon de 3 à 5 ans généralement. La présentation d'un plan d'affaires est une exigence des plateformes.

Mais, au-delà de l'atteinte des objectifs d'une levée de fonds, il est important que le promoteur comprenne que l'obtention de ce premier financement peut faciliter d'autres levées ou l'accès à d'autres instruments de financement pour des besoins plus grands.

Dans notre environnement, le financement participatif n'est pas assez exploité dans ce sens. Il n'est pas encore reconnu comme tremplin vers des prêts bancaires par exemple, pourtant il en est véritablement un.

Le respect des engagements post-levées de fonds sont des atouts à faire valoir auprès des banques. Dans le cas de l'*equity crowdfunding*, le suivi post-financement des projets impose la production régulière d'informations financière et comptable aux actionnaires. En ce qui concerne les activités en *crowdlending*, le respect des échéanciers de paiement peut attester de la capacité des entreprises à tenir leurs engagements.

Le renforcement de l'impact des plateformes de financement participatif passe inévitablement par l'amélioration du niveau de compétences des entrepreneurs qui ont recours à elles. Les projets financés par ces canaux servent *in fine* à démontrer la contribution des plateformes à la réduction des déficits de financement des PME, aux côtés des acteurs de la finance traditionnelle. C'est pourquoi, il serait souhaitable que cette chaîne de financement se développe plus efficacement.

Pour ce faire, il y a lieu de solliciter la mise en place de programmes de renforcement de capacités – ateliers et séances de coaching - sur les différents modes de financement dès la réussite des campagnes.

CONCLUSION

L'expérience acquise dans la finance participative pendant près d'une décennie en Afrique permet de témoigner de la grande capacité de ce concept à se développer sur le continent.

C'est une nouvelle opportunité qui est donnée aux citoyens pour affirmer leurs engagements dans la communauté au moyen d'infrastructures numériques de pointe qui permettent de s'impliquer directement dans des projets qui se développent autour d'eux.

Les plateformes constituent ainsi d'excellents outils pour canaliser la générosité des uns et des autres aussi bien vers un plus grand nombre de causes sociales que de projets structurants.

Les différents cas de figure évoqués dans cet ouvrage, qui interviennent dans les domaines aussi divers que de l'éducation, la culture, la philanthropie, l'agriculture, le divertissement et les énergies renouvelables, servent à illustrer l'impact réel de cette approche participative dans la vie économique africaine.

Les perspectives de croissance sont énormes car le phénomène *crowdfunding* est encore sous exploité en Afrique, face à des besoins qui ne cessent de se multiplier de la part des entreprises, de particuliers et aussi des gouvernements. Chacun de ces bénéficiaires tire profit de cet écosystème et y accorde un intérêt particulier pour son développement.

Toutefois, de nombreuses anecdotes malheureuses se racontent parallèlement suite à l'utilisation des plateformes par les ménages et suffisent à mettre en cause la fiabilité totale de ce système.

Au-delà du côté innovateur, investir dans un projet en *crowdfunding* est risqué. Il apparait important que le public ait de bonnes connaissances sur les types de plateformes ainsi que du niveau de risques encourus par leurs utilisations. D'abord, selon les modèles de financement participatif, les droits des investisseurs et contributeurs ne sont pas les mêmes. Ensuite, l'internaute est exposé à des risques inhérents aux activités, mais aussi à des arnaques de tout genre. Le danger est encore plus flagrant lorsque de soi-disant intermédiaires en financement participatif, non autorisés à exercer ce métier par leurs juridictions compétentes, procèdent à des collectes de fonds.

C'est pourquoi, quelles qu'en soit les promesses avancées, l'internaute doit toujours agir avec prudence et bon sens. Outre les échanges entre participants aux campagnes de *crowdfunding* et le recours à des consultants financiers, il est également important de soi-même établir dès le départ des objectifs clairs d'investissement ou de contribution qui tiennent compte de sa tolérance aux risques.

Le futur de l'Afrique se jouera avec le financement participatif et il n'y pas de raisons de croire le contraire. Sur le continent, le monde de la finance participative est amené à se structurer davantage dans les années à venir avec la mise en place de législations propres à ce secteur, pour un meilleur encadrement des différents marchés.

Mieux, le financement participatif a toutes les chances de connaitre un développement considérable en Afrique dans la mesure où il est en phase avec la volonté de politique commune des chefs d'Etats africains et l'accessibilité des nouvelles technologies par tous pour soutenir l'atteinte des objectifs de l'Union Africaine qui est de faire de l'Afrique un continent intégré, uni, en paix, souverain, indépendant, responsable et autonome dans le cadre de l'Agenda 2063.

BIBLIOGRAPHIE

Cambridge Centre for Alternative Finance. 2021. *The 2nd Global Alternative Finance Market Benchmarking Report.* 2021.

Lee , Kye Woo. 2015. The Role of Aid in Korea's Development. [aut. libro] Korea Economic Institute of America. *KOREA'S ECONOMY.* 2015, Vol. 30.

Leke, Acha, Chironga, Mutsa and Desvaux, Georges. 2018. *Africa's business revolution: how to succeed in the world's next big growth market.* Boston : Harvard Business Review, 2018. 9781633694408.

Les collèges de proximité en Côte d'ivoire au prisme de l'approche par les capabilités. **KOUADIO, A.O., et autres. 2018.** Septembre de 2018, Papiers de Recherche AFD, Vols. n° 2018-80.

Abdelkrim, Samir. 2018. *Startup Lions: Au coeur de l'African Tech.* 2018. 978-2-9562648-2-8.

African Development Bank. 2017. *Financing Industrial Development in Korea and Implications for Africa.* How They Did It (HDI) series. 2017.

—. 2019. Jobs, growth, and firm dynamism. *African Economic Outlook 2019.* 2019, págs. 45-73.

Buchalet, Jean-Luc et Prat, Christophe. 2019. *Le futur de l'Europe se joue en Afrique.* Paris : Editions Eyrolles, 2019. 978-2-212-57081-6.

Dromain, Michel. 1990. L'épargne ignorée et négligée. Les résultats d'une enquête sur les tontines au Sénégal. [aut. libro] Michel Lelart. *La tontine pratique informelle d'épargne et de crédit dans les pays en voie de* *développement.* Paris : British Library Cataloguing in Publication Data, 1990.

Dupoux, Patrick, et autres. 2019. *How Online Marketplaces Can Power Employment in Africa.* [ed.] BCG Report. Casablanca, Morocco : s.n., 26 de March de 2019.

Fauvelle, François-Xavier. 2018. *L'AFRIQUE ANCIENNE De l'Acacus au Zimbabwe: 20 000 avant notre ère-XVIIe siècle.* Paris : Editions Belin/Humensis, 2018. 978-2-7011-9836-1.

GreenTec Capital Africa Foundation. 2020. *Tracing the "SUCCESS & FAILURE" of African Startups.* 2020.

Henriques, Diana B. 2012. *The Wizard Of Lies: Bernard Madoff and the death of trust.* New York : St. Martin's Griffin, 2012.

Kammogne Fokam , Paul. 1993. *L'entrepreneur africain face au défi d'exister.* Paris : L'Harmattan, 1993. 2738417442.

Keuffi, Daniel. 2010. *La régulation des marchés financiers dans l'espace OHADA.* Paris : L'Harmattan, 2010. 978-2-296-54090-3.

Koffi Djondo, Gervais. 2019. *L'Afrique d'Abord.* Paris : Présence Africaine, 2019. 978-2-7087-0925-6.

Madiba, Olivier. *La Méthode Rebuntu.* 9798618538619.

Mercy Corps. 2019. *Towards a Digital Workforce: Understanding the Building Blocks of Kenya's Gig Economy.* Youth Impact Labs. Nairobi : s.n., 2019.

Moyo, Dambisa. 2009. *Dead Aid: Why aid is not working and how there is a better way for Africa.* New York : Farrar, Straus and Giroux, 2009. 978-0-374-53212-3.

Moyo, Dambisa. 2018. *Edge Of Chaos: Why democracy is failing to deliver economic growth - and how to fix it.* London : Little Brown, 2018. 978-1-4087-1089-0.

N'Diaye, Florence. 2016. *Le crowdfunding ou financement participatif: état des lieux en Europe - Allemagne, Belgique, France et Luxembourg.* Saarbrücken : Editions juridiques franco-allemandes, 2016. 978-3-639-56093-0.

Nubukpo, Kako. 2019. *L'urgence africaine: Changeons le modèle de croissance* . Paris : Odile Jacob, 2019. 978-2-7381-4893-3.

OXFAM International. 2020. *Un demi-siècle de promesses non tenues.* 2020. 978-1-78748-675-1.

Stucki, Dominique. 2017. *Financer une entreprise par le CROWDFUNDING: Les nouvelles règles de l'investissement participatif.* Paris : Éditions Eyrolles, 2017. 978-2-86325-747-0.

Tandon, Yash. 2008. *Ending Aid Dependence.* s.l. : Fahamu, 2008. 978-1-906387-31-0.

World Bank. 2013. *Crowdfunding's Potential for the Developing World.* Finance and Private Sector Development Depart- ment. Washington DC : infoDev, 2013.

Notes

[1] https://www.bceao.int/fr/content/presentation-du-dispositif-de-soutien-au-financement-des-pmepmi

[2] Crowdfunding's Potential for the Developing World. 2013. infoDev, Finance and Private Sector Development Department. Washington, DC: World Bank. P.19

[3] CAF WORLD GIVING INDEX 2021 : A global pandemic special report, Charities Aid Foundation. P.19

[4] Banque Mondiale, Promouvoir l'inclusion financière numérique en Côte d'Ivoire: Diagnostic de l'écosystème des fintechs, Novembre 2020. P48

[5] Michel Dromain, L'épargne ignorée et négligée: les résultats d'une enquête sur les tontines au Sénégal, (1990). P144

[6] 2019 African Tech Venture Capital Report, Partech Partners. P15

[7] Données d'avril 2022 - https://fundkiss.mu/statistics

[8] Deloitte, Digital Commerce Acceleration: Increased online purchases present new opportunities for digital commerce players. February 2021

[9] Keuffi, D. (2010). La régulation des marchés financiers dans l'espace OHADA. Paris, France: L'Harmattan. P141

[10] Financement participatif: l'AMF publie une position-recommandation sur la commercialisation des offres en titres et minibons et sur la gestion extinctive des plateformes - https://www.amf-france.org/fr/actualites-publications/actualites/financement-participatif-lamf-publie-une-position-recommandation-sur-la-commercialisation-des-offres

[11] Acte uniforme révisé relatif au droit des sociétés commerciales et du groupement d'intérêt économique - Organisation pour l'Harmonisation en Afrique du Droit des Affaires (OHADA) – Article 81-1

[12] ACfA Label Framework: Category 1 & Category 2

[13] GreenTec Capital Africa Foundation. 2020. Tracing the "SUCCESS & FAILURE" of African Startups. 2020. P6

[14] Données d'avril 2022 - https://fundkiss.mu/statistics

[15] Silva, Anderson Caputo; Nerlich,Anica.2021. Listing State-Owned Enterprises in Emerging and Developing Economies : Lessons Learned from 30 Years of Success and Failure (English). Washington, D.C. : World Bank Group.

[16] Leke, A., Chironga, M., & Desvaux, G. (2018). *Africa's business revolution: how to succeed in the world's next big growth market.* Boston, Massachusetts, USA: Harvard Business Review. P22

[17] Leke, A., Chironga, M., & Desvaux, G. (2018). *Africa's business revolution: how to succeed in the world's next big growth market.* Boston, Massachusetts, USA: Harvard Business Review. P115

[18] Aujourd'hui, avec une connexion internet de 100 francs CFA, il est possible d'accéder à des jeux vidéo sur son mobile, en accès libre. En tenant compte du seuil international de pauvreté établi par la Banque mondiale à 1,90 dollar par personne et par jour, l'accès aux jeux vidéo pour une personne vivant dans une situation précaire ne pourrait que représenter 9,4% de son revenu journalier. D'un autre côté, selon les données de la Commission européenne (Eurostat), la catégorie "loisirs et culture" représente 8,7% des dépenses des ménages en 2019.

[19] World Bank. The Long Shadow of Informality: Challenges and Policies. Chapter 2 : Understanding the Informal Economy: Concepts and Trends. P49

[20] Buchalet, Jean-Luc et Prat, Christophe. 2019. Le futur de l'Europe se joue en Afrique. P59

[21] https://www.un.org/sustainabledevelopment/fr/objectifs-de-developpement-durable/

[22] Lee, K. (2015). The Role of Aid in Korea's Development. En K. E. America, *KOREA'S ECONOMY* (Vol. 30). P8
[23] Moyo, Dambisa. 2009. Dead Aid: Why aid is not working and how there is a better way for Africa. P77-140
[24] Banque Mondiale, Rapport 2020 sur la pauvreté et la prospérité partagée : revers de fortune. P1;12
[25] Source: TheGlobalEconomy.com
[26] African Development Bank. (2017). Financing Industrial Development in Korea and Implications for Africa. How They Did It (HDI) series. P4
[27] Zhenzei Qiang C., Kusek P., Steenbergen V., Viney B. (2021). Blog World Bank: Africa Can End Poverty. La voie de la reprise en Afrique subsaharienne : capitaliser sur les opportunités offertes par l'évolution des flux d'IDE
[28] Kanbur R., Noman A., Stiglitz J. (2019). The Quality Of Growth In Africa. Chapter 1: Beyond Gross Domestic Product - By Fioramonti L.
[29] PNUD, Au-Dela Des Barrières : Voix des migrants africains irréguliers en Europe, 2019
[30] Koffi Djondo, Gervais. 2019. L'Afrique d'Abord. P32
[31] Digital crowdfunding platform raises over R21 million paying out fees of over 300 students, Independent Online (IOL), December 2021
[32]Lawrence H. Summers. Accepter la réalité de la stagnation séculaire: De nouvelles stratégies s'imposent pour remédier à l'atonie de la croissance, la faiblesse des taux d'intérêt et l'absence d'inflation. FINANCES & DÉVELOPPEMENT. Mars 2020
[33] OXFAM International. 2020. Un demi-siècle de promesses non tenues. P9
[34] https://www.readthegeneralist.com/briefing/africa
[35] Abdelkrim, Samir. 2018. Startup Lions: Au coeur de l'African Tech. P29
[36] Dupoux, Patrick, et al. 2019. How Online Marketplaces Can Power Employment in Africa. BCG Report. 2019.

[37] GreenTec Capital Africa Foundation. 2020. Tracing the "SUCCESS & FAILURE" of African Startups. 2020. P17

[38] http://droitmediasfinance.com/cameroun-la-cosumaf-met-les-investisseurs-en-garde-contre-14-sites-de-placements-risques/

Structures éditoriales du groupe L'Harmattan

L'Harmattan Italie
Via degli Artisti, 15
10124 Torino
harmattan.italia@gmail.com

L'Harmattan Hongrie
Kossuth l. u. 14-16.
1053 Budapest
harmattan@harmattan.hu

L'Harmattan Sénégal
10 VDN en face Mermoz
BP 45034 Dakar-Fann
senharmattan@gmail.com

L'Harmattan Cameroun
TSINGA/FECAFOOT
BP 11486 Yaoundé
inkoukam@gmail.com

L'Harmattan Burkina Faso
Achille Somé – tengnule@hotmail.fr

L'Harmattan Guinée
Almamya, rue KA 028 OKB Agency
BP 3470 Conakry
harmattanguinee@yahoo.fr

L'Harmattan RDC
185, avenue Nyangwe
Commune de Lingwala – Kinshasa
matangilamusadila@yahoo.fr

L'Harmattan Congo
67, boulevard Denis-Sassou-N'Guesso
BP 2874 Brazzaville
harmattan.congo@yahoo.fr

L'Harmattan Mali
ACI 2000 - Immeuble Mgr Jean Marie Cisse
Bureau 10
BP 145 Bamako-Mali
mali@harmattan.fr

L'Harmattan Togo
Djidjole – Lomé
Maison Amela
face EPP BATOME
ddamela@aol.com

L'Harmattan Côte d'Ivoire
Résidence Karl – Cité des Arts
Abidjan-Cocody
03 BP 1588 Abidjan
espace_harmattan.ci@hotmail.fr

Nos librairies en France

Librairie internationale
16, rue des Écoles
75005 Paris
librairie.internationale@harmattan.fr
01 40 46 79 11
www.librairieharmattan.com

Librairie des savoirs
21, rue des Écoles
75005 Paris
librairie.sh@harmattan.fr
01 46 34 13 71
www.librairieharmattansh.com

Librairie Le Lucernaire
53, rue Notre-Dame-des-Champs
75006 Paris
librairie@lucernaire.fr
01 42 22 67 13

www.ingramcontent.com/pod-product-compliance
Lightning Source LLC
LaVergne TN
LVHW021232061026
849535LV00008B/3026